***ACCESO GRATIS** a la Lectura en la Nube*

Para visualizar el libro electrónico en la nube de lectura envíe junto a su nombre y apellidos una fotografía del código de barras situado en la contraportada del libro y otra del ticket de compra a la dirección:

ebooktirant@tirant.com

En un máximo de 72 horas laborales le enviaremos el código de acceso con sus instrucciones.

La visualización del libro en **NUBE DE LECTURA** excluye los usos bibliotecarios y públicos que puedan poner el archivo electrónico a disposición de una comunidad de lectores. Se permite tan solo un uso individual y privado

FILOSOFÍA, TEOLOGÍA Y POLÍTICA EN UN MUNDO POST-SECULAR

Procedimiento de selección de originales, ver página web:

www.tirant.net/index.php/editorial/procedimiento-de-seleccion-de-originales

FILOSOFÍA, TEOLOGÍA Y POLÍTICA EN UN MUNDO POST-SECULAR

DIEGO ROSSELLO
JOSÉ ANTONIO VALDIVIA FUENZALIDA
(Editores)

tirant humanidades
Valencia, 2024

EDITA: TIRANT LO BLANCH
C/ Artes Gráficas, 14 - 46010 - Valencia
TELFS.: 96/361 00 48 - 50
FAX: 96/369 41 51
Email:tlb@tirant.com
www.tirant.com
Librería virtual: https://editorial.tirant.com/cl
ISBN: 978-84-19632-91-3
MAQUETA: Disset Ediciones

ÍNDICE

INTRODUCCIÓN 9
Diego Rossello
José Antonio Valdivia F.

EL GIRO TEOLÓGICO EN LA FILOSOFÍA POSTSECULAR ... 15
Montserrat Herrero

Introducción 15
1. Lo post-secular 16
2. El giro teológico de la filosofía 18
3. Teología política 24
Bibliografía 29

EN LOS LÍMITES DE LA SOBERANÍA: TEÓRICAS POLÍTICAS JUDÍAS CONTEMPORÁNEAS 37
Miriam Jerade

1. Pensamiento político judío 38
2. Teología política judía 46
Conclusión 53
Bibliografía 55

"NUNCA FUIMOS SECULARES". SOBRE LA PRESENCIA (E INSISTENCIA) DE LO RELIGIOSO EN EL ESPACIO PÚBLICO .. 59
Nicolás Panotto

Introducción 59
1. Lo religioso y lo público más allá de la secularización 62
2. Superando el cristianocentrismo moderno 65
3. Descolonizar la secularización 67
Conclusiones 72
Bibliografía 73

RELIGIONES POLÍTICAS, DOGMATOMAQUIA Y FILOSOFÍA PRÁCTICA. UNA MIRADA DESDE VOEGELIN Y SU CORRESPONDENCIA 75

MANFRED SVENSSON

Introducción 75
1. Aspectos de una biografía intelectual-espiritual 77
2. Las religiones políticas y el gnosticismo 80
3. Interludio: Eric Voegelin y Hannah Arendt 86
4. Religión y renovación de la filosofía práctica 90
Conclusión 92
Bibliografía 93

SIN DIOS Y SIN INFIERNO: HANNAH ARENDT Y EL PRINCIPIO DEL COMIENZO 97

FACUNDO VEGA

1. Las formas del comienzo y el problema filosófico-político 99
2. La acción política y el "principio del comienzo" 104
3. Reverberaciones del comienzo y el principio de an-arquía 108
Bibliografía 112

ANIMALES TEOLÓGICO-POLÍTICOS APUNTES SOBRE ANIMALIDAD Y TEOLOGÍA POLÍTICA EN EL ANTROPOCENO 117

DIEGO ROSSELLO

Introducción 117
1. Teología política: del antropocentrismo al Antropoceno 121
2. Deconstruyendo la Teología Política Antropocéntrica 127
3. Reflexiones finales 130
Bibliografía 131

INTRODUCCIÓN

DIEGO ROSSELLO
Universidad Adolfo Ibáñez

JOSÉ ANTONIO VALDIVIA F.
Universidad Adolfo Ibáñez

En las páginas que siguen se reúnen los trabajos presentados en las XII Jornadas de Filosofía organizadas por el Departamento de Filosofía, Facultad de Artes Liberales, de la Universidad Adolfo Ibáñez (UAI), entre el 25 y el 27 de agosto de 2021. Si bien las jornadas se llevaron a cabo bajo el nombre de "Dios en un mundo post-secular", se ha modificado el título del libro para atender al contenido específico de las ponencias que se recopilan en este volumen. Entendemos que el cruce entre filosofía, teología y política ha sido durante mucho tiempo un espacio de reflexión tan rico como ineludible, que abreva en preguntas fundamentales del ser humano como las siguientes: ¿Cuál es la relación entre la filosofía, la teología y la política? ¿Comparten ellas un sustrato común, tanto en términos conceptuales como metodológicos, o sus abordajes se encuentran en tensión? ¿Cuál es el vínculo entre la revelación divina y los modos en que las comunidades humanas justifican sus formas jurídico-políticas? ¿Cómo dialogan las distintas tradiciones religiosas con las formas jurídico-políticas que organizan la vida humana (y también la no humana)?

A modo de especulación, cabe sugerir que si este libro hubiese sido publicado hace cuatro décadas se ubicaría en la intersección entre las teorías sobre la secularización y la filosofía de la historia. En la actualidad, sin embargo, el vocabulario filosófico predominante en este campo de estudios responde a lo que se denomina, siguiendo la invitación tanto de Baruch Spinoza como de Carl Schmitt, como teología política. La teología política se ha convertido en los últimos años en un campo de estudio amplio y estimulante, en el cual se tematiza de manera sistemática el vínculo entre la filosofía, la teología y la política. Dicho campo de estudios se despliega alrededor del mundo en congresos, coloquios, conferencias y revistas académicas especializadas, incluyendo a las publicadas en América Latina. Entre estas últimas puede mencionarse el número monográfico de *Síntesis. Revista de Filosofía*, publicado en 2019, con el título de "Teología Política en un Mundo Post-Secular", y del cual este volumen constituye una extensión casi natural.

El título del volumen alude a un mundo post-secular porque asume, siguiendo a Charles Taylor, que la tensión estructurante de la modernidad entre lo religioso y lo secular atraviesa una transformación importante. Desde la perspectiva de Taylor, las oposiciones excluyentes entre religión y ciencia; cristianismo y laicidad; lo sagrado y lo profano, definitorias del proyecto de la modernidad, han dejado de tener la tracción y el poder explicativo de antaño. Debido a ello, la secularidad implica hoy un conjunto de condiciones novedosas al interior de las cuales tienen lugar tanto la experiencia de quienes creen en Dios, como la de aquellos que no creen en él. En los capítulos de este libro entonces, se intenta dar cuenta de los múltiples escenarios de encuentro, tensión y polémica, que tienen lugar entre la filosofía, la teología, y la política en las condiciones presentes de un mundo post-secular.

En el primer capítulo, Montserrat Herrero explica la especificidad del conjunto de problemas asociados al concepto de lo post-secular y muestra en qué medida este posicionamiento supone un intento por superar una visión de la historia según la cual, desde la modernidad, se habría producido una progresiva e inevitable secularización. Asimismo, en su exposición queda claro en qué medida esta nueva perspectiva superaría la clásica dificultad acerca del rol de la religión dentro del espacio público. El concepto de lo post-secular se ofrece así como un campo nuevo de discusión que asigna un rol central a lo religioso y a lo divino. Tanto el "giro teológico de la filosofía" como la centralidad que ha ganado la teología política en los debates políticos actuales serían prueba de ello. El estudio de Herrero entrega un completo recorrido histórico que describe la emergencia de esta nueva perspectiva, dando a conocer sus principales autores y problemas. Puede considerarse como un excelente estado de la cuestión, de gran valor para los investigadores que se quieran ocupar de estos problemas.

Miriam Jerade, en el capítulo 2, propone una reflexión en torno a las posibilidades que entrega una teología política apoyada en algunos presupuestos que son propios al mundo judío. En efecto, el pensamiento político producido desde el judaísmo se caracteriza por la experiencia de la diáspora, inscribiéndose en lo que la autora llama los "límites de la soberanía". En diálogo principalmente con el trabajo de tres pensadoras políticas judías, Leora Batnitzky, Julie Cooper y Bonnie Honig, Miriam Jerade desarrolla algunas de las posibilidades teóricas que entrega la reflexión sobre una teología política que complica las divisiones entre lo público y lo privado, lo político y lo religioso, que caracterizan a la modernidad política. Esto le permite sentar algunas de las bases para la concepción de formas de acción política que no estén ligadas al concepto de soberanía. Además, este capítulo es una ventana para cualquiera que desee conocer el amplio debate que existe dentro del marco de lo que podría denominarse "teología política judía".

Nicolás Panotto, en el capítulo 3, evalúa la suficiencia del posicionamiento laicista que prescribe una separación estricta entre Estado e Iglesia para resolver los problemas que hoy emergen de las distintas actitudes religiosas que cohabitan dentro de una comunidad. ¿Cómo asignar un mayor reconocimiento al componente específicamente religioso que puede asumir la acción política de los agentes que representan actitudes de esa clase? El desafío radica en encontrar una forma de organización civil que sea apta para ampliar el rol que posee la religión dentro del espacio público, pero sin que ello implique una vuelta a la unión del Estado y la Iglesia. El objetivo de una ampliación de ese rol es precisamente el de dejar un espacio a la creciente diversidad de sensibilidades religiosas y no asegurar la hegemonía de alguna de ellas.

En el capítulo 4, Manfred Svensson ofrece un balance general del pensamiento de Eric Voegelin en lo que respecta a sus reflexiones sobre teología política. Su propósito es probar hasta qué punto conviene seguir estudiando su obra hoy en día, en la medida en que esta contendría conceptos aptos para enriquecer el debate sobre la relación entre lo religioso y lo político en un mundo caracterizado por una vuelta a conflictos que parecían superados. Bajo la premisa según la cual existiría una relación entre "el orden del alma y el orden de la comunidad política" sobre la cual valdría reflexionar en profundidad,

Voegelin elabora algunas ideas aptas para iluminar fenómenos propios de tiempos de crisis. La actitud generalizada que se adopte en relación a lo divino y a lo sagrado puede tener consecuencias profundas en el ámbito de la vida política, idea que resultaría clave en su reflexión acerca de los totalitarismos. En este punto, cabe destacar la exposición de la interesante discusión entre el pensador alemán y Hannah Arendt sobre la explicación del totalitarismo, que para el primero no se puede separar de la evolución secular.

Facundo Vega, por su parte, discute en profundidad la importante cuestión de los orígenes políticos desde una perspectiva arendtiana. ¿Cómo hacerse cargo del problema que tales orígenes suscitan si se ubican en un ámbito que, al caer por principio fuera de toda humana jurisdicción, no parece apto para entregar algún criterio sobre el que sostenerse legítimamente que no sea trascendente? En activa discusión con importantes especialistas de Hannah Arendt, el autor intenta demostrar que, para esta filósofa, la legitimidad de los orígenes se funda en las mismas personas que llegan a acuerdos y se hacen promesas de apoyo para una acción conjunta. Lo anterior da lugar a un orden perfectamente legítimo que no reclama ninguna justificación de orden divino o religioso. Con ello, se describen las condiciones de posibilidad de la fundación de un orden político que, sin ser arbitrario, se sostiene sobre criterios completamente inmanentes. Cabe destacar que, si bien son inmanentes, como se construyen desde el reconocimiento de la diversidad de lo humano, suponen la inclusión de cualquier sensibilidad religiosa.

En el último capítulo, Diego Rossello adopta un enfoque teológico-político para ocuparse de la difícil cuestión de las condiciones de posibilidad de fundar parámetros de deliberación y de acción política que dejen atrás un enfoque antropocéntrico. Su objetivo es explorar lo que se necesita para el nacimiento de una nueva teología política – entendida como la relación entre la teología y los marcos jurídico-políticos que determinan las relaciones humanas – que sea más apta para enfrentar los desafíos suscitados por los cambios climáticos de nuestro tiempo. Con este propósito, el autor intenta identificar dentro la tradición occidental los principales supuestos teológicos que han impedido un reconocimiento de lo político en el plano animal, lo que incluye incluso al ser humano en tanto que también posee la animalidad. Poniendo especial énfasis en la tradición católica y empleando como ejemplo algunos puntos de vista de Carl Schmitt y de Jacques Maritain, expone aquellas ideas que determinan un posicionamiento general de los asuntos políticos que no solo excluye lo animal, sino que incluso lo representa como aquello que ha de ser superado por el ser humano. La identificación de tales supuestos permite al autor indicar el camino a seguir para que sea posible la formación de una nueva teología política que acoja las diversas formas de vida y reconozca su valor dentro de la vida pública.

Los capítulos descritos cubren muchos de los debates hoy vigentes sobre los distintos problemas filosóficos que surgen ante la reaparición de lo religioso en el mundo contemporáneo. El proceso de secularización en el mundo occidental dio pie para la aparición de una diversidad religiosa que ya no se conforma con renunciar a cualquier clase de actividad que se salga del espacio privado, por lo que inevitablemente surgen conflictos que han de resolverse con la creación de nuevas categorías que se adapten mejor a la nueva situación. Estamos seguros que este libro será una contribución importante para la creación de dichas categorías.

Queremos agradecer Francisco Covarrubias, decano de la Facultad de Artes Liberales de la Universidad Adolfo Ibáñez y a Cristina Crichton, directora de su Departamento de Filosofía por haber hecho posible la publicación de este libro.

EL GIRO TEOLÓGICO EN LA FILOSOFÍA POSTSECULAR

MONTSERRAT HERRERO

Universidad de Navarra

INTRODUCCIÓN

Nuestra evolución hacia una sociedad postsecular se considera ya hoy en gran medida inevitable. De hecho, se ha producido un resurgimiento de lo sagrado en las sociedades contemporáneas, que parece mostrar el fracaso de una de las grandes narrativas en la interpretación de la historia del mundo: la tesis de la secularización. Hasta el punto de que Habermas se decidió a declarar que hemos entrado en una nueva etapa: la edad postsecular. Con esta afirmación dio comienzo una nueva discusión en la academia[1].

Parece efectivamente que la razón ilustrada ha quedado exhausta, porque las religiones han vuelto a emerger con fuerza en la esfera pública bajo la forma de nuevas creencias y representaciones. Podemos incluso hablar de un proceso de re-encantamiento o re-mitologización del mundo que implica el recuperar los aspectos significativos y simbólicos de la cultura que habían quedado olvidados en favor de los aspectos estructurales. Como señala Spiegel, en vez de sentirse gobernados por impersonales códigos semióticos, los actores históricos comienzan de nuevo a interpretarse como responsables de los signos que conforman su comprensión de la realidad[2].

---

1 En este sentido: Habermas, J. (2001), Habermas, J. (2005), Asad, T. (2003), Berger, P. (2005), Taylor, C. (2007), Schweidler W. (2007), Vries, H. de (2008), Bengtson, J. (2015).

2 Spiegel, G. (2014).

¿Cómo ha reaccionado la disciplina filosófica a este contexto postsecular? Dicho de otro modo, ¿cómo aparece Dios, su nombre, su acontecimiento, en la filosofía postsecular? Esa es la cuestión que quisiera tratar en este trabajo. Lo haré a través de la breve referencia a lo que se entiende hoy en la academia por lo post-secular, por el giro teológico de la filosofía y por teología política.

1. LO POST-SECULAR

La narrativa de la progresiva secularización del mundo fue generada en gran medida por dos intervenciones interpretativas de la historia: el diagnóstico weberiano del progresivo desencantamiento del mundo y la narrativa filosófico-histórica de la progresiva sustitución de la teología de la historia por una filosofía de la historia inmanente realizada por Löwith. Ambos discursos suponían que la presencia de lo divino disminuye progresivamente con las nuevas condiciones socio-culturales, no sólo en el espacio público y en la práctica privada, sino también en las disciplinas teóricas.

En efecto, el conocido diagnóstico de Weber ha servido durante mucho tiempo como marco interpretativo del hecho histórico de que en muchas partes del mundo los significados y las prácticas religiosas han sido sustituidos por mecanismos de racionalización. Esto está bien documentado en sus *Ensayos de sociología de la religión*, en particular en la *Ética protestante y el espíritu del capitalismo*[3]. Lo que inicialmente fue un diagnóstico, se fue convirtiendo en un pronóstico con carácter normativo. Es decir, llegó a parecer indiscutible que toda acción política debe estar marcada por su carácter neutralizador respecto de la religión. De este modo, paulatinamente la religión se fue convirtiendo en el imaginario social en uno de los ingredientes de un pasado violento e incivilizado.

Por otro lado, la narrativa histórica de la sucesiva secularización del mundo iniciada por Löwith en *Historia del mundo y salvación*[4] no ha dejado de hacer su propia historia. Según ella, un mundo guiado

---

3 En particular, Weber, M. (1989) y Gauchet, M. (1985).
4 Löwith, K. (2004).

por la providencia es sustituido progresivamente por un mundo liderado por filosofías de la historia de diferente cuño, todas guiadas por la idea de progreso ilimitado: Condorcet, Hegel, Comte, Marx, Bloch, entre muchos otros.

Blumenberg, sin embargo, fue uno de los primeros críticos de esta narrativa[5]. En su opinión, el dogma de la secularización, interpretado como una expropiación o como una injusticia histórica es un constructo injustificado de la filosofía de la historia. La modernidad no debe ser pensada en relación con un pasado al que simplemente traiciona, sino en sí misma. La Edad Moderna comienza justificando la realidad por el sólo hecho de su propia existencia y no por referencia a un orden transcendente. Inmanencia es la categoría moderna por excelencia. Esta categoría se forja marcadamente en las disciplinas científicas y tecnológicas. La Edad Moderna marca una discontinuidad con la entonces denominada por primera vez Edad Media y esa discontinuidad es su legitimación.

Davis denuncia a su vez la posición de Blumenberg, mostrando que la misma idea de periodización es inextricable de la idea de soberanía y que, por tanto, su crítica es incoherente en el mismo momento en que parece reconocer una superioridad a la Edad Moderna en la medida en que periodiza desde ella; pero además al definir la modernidad por la categoría de inmanencia no supera la dialéctica entre inmanencia y trascendencia. La tesis de Davis es además uno de los exponentes más recientes de crítica a esta importante narrativa de la modernidad que es la narrativa de la progresiva secularización del mundo, que ella comprende como una idea según la cual la historia conduce inexorablemente al desvanecimiento de la religión en cualquier ámbito de la sociedad, comenzando, por supuesto, por el espacio público y acabando por las disciplinas teóricas y prácticas[6].

Efectivamente, ¿de verdad que la historia supone un proceso lineal de ese tipo? ¿Es cierto que la religión es como tal una fuente de violencia e intolerancia? ¿Puede la razón hacerse completamente autónoma y separarse definitivamente de la experiencia religiosa? En el mundo contemporáneo, estas preguntas no se responden con una simple

---

[5] Blumenberg, H. (1966).

[6] Davis, K. (2008).

afirmación. Las categorías ilustradas que nos hablan de la autonomía entre lo sagrado y lo secular, como es el caso de los escritos sobre la tolerancia de John Locke y el camino liberal que ellos inauguran se muestran, en el nuevo contexto postsecular, insuficientes[7].

2. EL GIRO TEOLÓGICO DE LA FILOSOFÍA

Junto con la discusión sobre el secularismo en las ciencias sociales y en la teoría de la historia, la filosofía también ha experimentado un giro hacia la religión en diferentes tradiciones[8].

Lo primero que hay que señalar en este punto es que "la religión" es un concepto de difícil abordaje. En efecto, cuando declaramos el renacer del discurso religioso no estamos pensando en las confesiones religiosas positivas, es decir, en un conjunto dogmático de creencias. De hecho, para denominar este aspecto, hablamos de confesiones, más que de religión. El concepto "religión" comienza a ser una categoría propiamente en la Edad Moderna, aunque pueda ser rastreado en el mundo antiguo[9]. Talal Asad ha sugerido que la Reforma tuvo mucho que ver en la construcción de esta categoría[10]. Sin embargo, como sugiere Trevor Stacks, la religión adquiere su significado último como *pendant* del Estado Moderno[11]. Es decir, que la religión nace como concepto en el mismo momento en que se lo intenta delimitar respecto de la esfera pública.

---

7 Ver Herrero, M. (2015)1, pp. 29-120, páginas dedicadas a la cuestión de la tolerancia. Es interesante la reedición de la perspectiva liberal de Laborde, C. (2017). En su enfoque, el gobierno político tiene la última palabra al autorizar o no las prácticas e instituciones religiosas que no puede controlar. La esfera política define entonces el significado de lo religioso reconociéndolo como tal y aceptándolo como lícito y permisible o como ilícito e inadmisible, es decir, "tolerándolo". Sólo la supremacía de la soberanía política hace que tenga sentido hablar de "libertad religiosa".

8 Ver Bryden, M. (2000); Carrette, J. R. (2000); Kosky, J. (2001); Hemming, L. P. (2002); Purcell, M. (2010); Farneti, R. (2008); Smith, J. K. A. (1999).

9 Como piensa Boyarin, D. (2004). También Naomi Goldenberg sugiere que su raiz está en el modo griego antiguo de clasificar cultos. Ver Goldenberg, N. R. (2015).

10 Asad, T. (2003).

11 Stack, T. (2015).

Cuando nos referimos al giro teológico de la filosofía, no obstante, no nos estamos refiriendo a la religión en este sentido moderno, sino en un sentido muy amplio en el que se incluyen discursos y fenómenos que refieren lo divino en general. Este es el sentido que acuña Hent de Vries en la expresión "religion, beyond a concept" para significar una "serie de fenómenos, cuya simultánea densidad y elusividad pertenece al corazón de esta materia y la constituye en su verdadera esencia como su lógica y su gramática."[12] Desplazarse más allá del concepto en la terminología de de Vries significa entrar en una constelación de particulares, como son: palabras, gestos, textos y prácticas que tienen ese carácter denso y elusivo al mismo tiempo y que revelan lo que ocultan. La dialéctica entre ocultamiento y revelación está en el corazón de esos fenómenos, como puede percibirse en las fuentes escriturísticas, en las prácticas rituales o en los relatos de los orígenes históricos. Pues bien, lo que se viene a decir con el "giro" de la filosofía hacia la religión es que el discurso disciplinar filosófico ha mostrado a finales del siglo veinte un interés creciente en ese tipo de fenómenos, hasta el punto de incluirlos como objeto de la reflexión filosófica.

La expresión "giro teológico", que evita el muy discutido término de "religión", fue acuñada por Dominique Janicaud, quien la usó en 1990 para designar críticamente el movimiento fenomenológico que tuvo lugar en Francia entre 1975 y 1990. En esos años, la filosofía emprendió una agenda que podríamos denominar "teológica," y que puede percibirse con claridad en la obra de Emmanuel Lévinas, Jean-Luc Marion, Michel Henry and Jean Louis Chrétien. Hent de Vries, siguiendo el diagnóstico de Janicaud, comenzó en 1999 a hablar del "giro religioso de la filosofía" en su libro *Philosophy and the Turn to Religion,* señalando a Derrida también como uno de los protagonistas de dicho giro, éste ya no relacionado directamente con la tradición fenomenológica, sino crítico de ella, evitando a toda costa una metafísica de la presencia[13].

El debate abierto por estas obras fue continuado por algunas publicaciones colectivas como *God in France*[14], que discutía sobre

---

12 Vries, H. de (2008), p. 5.

13 Vries, H. de (1999). Sobre el giro de Derrida hacia la religión, ver también Bradley, A. (2006).

14 Jonkers, P.; Welten R. (2005).

pensadores como Derrida, Ricoeur, Girard, Lyotard y Lacoste. Un nuevo volumen editado, *Political Theologies. Public Religions in a Post-Secular World*, fue el resultado de varios congresos que se organizaron entre 2001 y 2004[15]. Otro hito que pretendió dar cuenta de lo que estaba aconteciendo en el panorama de la filosofía fue el libro *Words of Life*[16]. Un año después se publicó, abundando en la cuestión *God and the Other*[17]. Analizando estas publicaciones, al menos se puede sacar en claro la idea de que, después de Husserl y Heidegger, hay que concluir que superar la ontoteología no es lo mismo que superar a Dios, aunque Dios parece haber sido eclipsado con el final de la metafísica. Este es quizás, desde mi punto de vista, el gran descubrimiento de la filosofía postsecular.

Un claro precedente de este giro se dio en el ámbito de la tradición teológica. En este caso, el giro se dio al revés. Es decir, lo que ocurrió en algunas facultades de teología americanas fue un "giro filosófico" de la teología. En efecto, la teología intentó asumir como una verdad incontestable el tropo nietzscheano de la muerte de Dios. Así, en los años 60 del siglo veinte, Altizer lideró el movimiento de las teologías de la muerte de Dios[18]. No pretendía con ello abonar las tesis de la secularización, sino fundar una nueva teología postsecular. Desde su punto de vista, Nietzsche había inaugurado una nueva etapa histórico-teológica de la ausencia de Dios. Hemos de asumir que la muerte

---

15 Vries, H. de; Sullivan, L. E. (2006).

16 Benson, B. E.; Wirzba, N. (2010).

17 Simmons, J. A. (2011).

18 Altizer, T. J. (1964) and Altizer, T. J.; Hamilton, W. (1966). Caputo, J. D.; Vattimo, G.; Robbins, J. W. (2007), pp. 68-69: "My lingering worry is that the death of God theologies are themselves thinly distinguished *grand récits*. They are theologies of history that tell the big story of how we go from the religion of the Father of Judaism, to the religion of the Son in the New Testament, to the religion of the Spirit in modernity (Altizer) or in posmodernity (Taylor), which is the final story." Caputo también alude a la analogía con la periodización de Joaquin de Fiore en Caputo, J. D.; Vattimo, G.; Robbins, J. W. (2007), p. 76. Además de Altizer, pueden ser considerados parte de este movimiento: John W. Lewis, Jürgen Moltmann, Ronald G. Smith, Dorothee Solle, Herbert Brown, David Miller, Richard Underwood and Gabriel Vahanian. Ver Vahanian, G. (1961). Junto a la producción de estos autores hay que considerar la tentativa reformista de Robinson, J. A. T. (1966) y Cox, H. (1966). Los predecesores de estas ideas fueron en su propia opinión Dietrich Bonhoeffer y Soren Kierkegaard.

de Dios se ha dado en "nuestro tiempo, en nuestra historia y en nuestra existencia."[19] Fue Kierkegaard quien primero se dio cuenta de este hecho cuando señaló que nuestro mundo se define a sí mismo contra la fe. Para Altizer el eterno retorno es la inversión de la categoría teológica del reino de Dios[20]. Esta, en aquel momento, nueva cruzada teológica anunciaba la negación de toda forma de teología cristiana, pero pretendía permanecer en el cristianismo verdadero, porque proclamaba a Jesús como modelo de la praxis humana.

La "teología radical" siguió su propio camino y tuvo nuevos representantes, como es el caso de Taylor, Winquist y Raschke[21]. Un epígono de esta tradición teológica es Keller[22]. La lectura del cristianismo que hacen estos teólogos, puede ser considerada como una forma de teología postmoderna, o según la frase de Taylor: "la deconstrucción es la hermenéutica de la muerte de Dios."[23]

Nuevos desafíos filosóficos siguieron la senda de las teologías de la muerte Dios, como es el caso de Gianni Vattimo o John Caputo[24].

---

19 ALTIZER, T. J. (1964), p. 129.

20 ALTIZER, T. J.; HAMILTON, W. (1966), pp. 34-36. Si siguiendo a Altizer, el cristiano en este contexto histórico de la muerte de Dios es alguien que espera lo inexplicable y mientras tanto se inclina sobre lo profano para succionar todo el poder sacramental contenido en ello; para van Buren, el cristiano en este último período de la historia es la imagen perfecta de Cristo, completamente libre, no sujeto a nada ni a nadie y por tanto dueño de sí mismo. Van Buren representa una teología no religiosa que sigue el camino de Bultmann afirmando la imposibilidad de encontrar un lenguaje para hablar de Dios. La misión cristiana es sólo ética. William Hamilton por su parte pone de manifiesto, por un lado, la experiencia del abandono de Dios; y por otro, la necesidad de hacer la transición del convento al mundo mediante la única praxis cristiana posible en nuestros días: permanecer cerca del prójimo.

21 TAYLOR, M. C. (1984); WINQUIST, CH. E. (1986); RASCHKE, C. A. (2000).

22 KELLER, K. (2003).

23 TAYLOR, M. C. (1984), p. 6.

24 Al menos eso parece sugerir el libro editado por CAPUTO, J. D.; VATTIMO, G.; ROBBINS, J. W. (2007). El libro es una entrevista a Vattimo y Caputo con un epílogo de Vahanian. Para todos ellos el periodo que comienza después de la muerte de Dios es el de la deconstrucción de la muerte de Dios, para así obtener una nueva fe postmoderna apropiada al contexto postsecular. Ver CAPUTO, J. D.; VATTIMO, G.; ROBBINS, J. W. (2007), p. 13 y pp. 47-54. En particular Caputo desarrolla el giro teológico del postmodernismo siguiendo la herencia derriadiana, pero también de las ideas de Deleuze. Así señala en CAPUTO, J. D.; VATTIMO, G.; ROBBINS, J. W. (2007), p. 49: "On my accounting, things take a theological

Vattimo apuesta, por ejemplo, por la "transcripción" de Dios en la historia, su mundanización[25]. Profesar la fe en el cristianismo implica en primer lugar profesar la fe en la inevitabilidad de una determinada tradición textual que ha llegado hasta nosotros[26]. Toda fe supone, por tanto, una tarea deconstructiva de lo que se ha construido falsamente en esa tradición. Consecuentemente, toda fe post-crítica debe renunciar a un contenido absoluto y a cualquier determinación histórica. Esta tarea, como el propio Nietzsche ya remarcó, no es posible sin evaluación y sin la producción de nuevas interpretaciones, es decir, sin nueva producción de textos.

Para Caputo, la muerte de Dios es un acontecimiento que comienza con la crítica a los ídolos del Antiguo Testamento y continúa siendo una crítica a cualquier forma de representación de Dios idolátrica. La deconstrucción de esas formas idolátricas está basada en una "teología del acontecimiento" que intenta diferenciarse de las teologías de la muerte de Dios, pero que, en cualquier caso, encuentra a Dios en la inmanencia y no en una especie de mundo más allá que pudiera ser el "doble" de este mundo[27]. El acontecimiento de Dios no es algo porvenir, sino que es lo que acontece a propósito del nombre de Dios[28]. La liberación del acontecimiento que se refugia en el nombre de Dios es el trabajo de la deconstrucción.

---

turn in postmodernism when what we mean by the event shifts to God. Or, alternatively, things take a postmodern turn in theology when the meditation upon *theos* or *theios*, God or the divine, is shifted to events, when the location of God or what is divine about God is shifted from what happens, from constituted words and things, to the plane of events." Ver también Kearney, R. (2001) y Westphal, M. (2001).

25 Vattimo, G. (2002).

26 Caputo, J. D.; Vattimo, G.; Robbins, J. W. (2007), p. 36.

27 Caputo, J. D.; Vattimo, G.; Robbins, J. W. (2007), p. 80.

28 Caputo, J. D. (2006). Sugiere que la teología es una casa dividida contra sí misma y carece de autocomprensión. Su bipolaridad está en función de la distinción entre nombre y acontecimiento. Caputo, J. D. (2006), p. 8: "The name belongs to the world and can gather worldly prestige and because of that it can be seen as a strong force; whereas the event belongs to the order that disturbs the world with the possibilities of being otherwise, and this by means of its weak but unconditional force. In this theology the name of God is not the name of a cause, but of a call." En lugar de ser el ser más alto en el orden de la presencia y al mismo tiempo tener una determinación histórica, está debilitado por el flujo de la indecidibilidad y la traducibilidad, es más abierto.

Como parte del giro teológico de la filosofía en el contexto de la filosofía continental postestructuralista, además de a Derrida, podemos incluir figuras como Jean Luc Nancy, Giorgio Agamben, Merold Westphal, Richard Kearney, Alain Badiou, Slavoj Zizek o Eric Santner[29]. El trabajo de estos autores permanece tributario de un nuevo materialismo en la medida en que se centra en una negación de la metafísica y de su connatural ontoteología. Su idea de Dios está centrada en lo innombrable, lo imposible, lo inesperado, lo porvenir.

Contemporánea de este giro teológico es la renovación de la teología apofática que lleva a cabo la obra de William Franke[30]. Franke trata de recuperar las trazas de lo divino allí donde justamente no puede ser "dicho." Su forma de aproximar lo divino es la reactivación de la imaginación teológica. De ahí que apueste por la literatura como uno de los lugares principales de la revelación. En su opinión, la pretensión reveladora de la literatura se ve transformada por los enfoques modernos de la poesía, en los que la revelación divina es reconfigurada y distorsionada por el medio del arte poético autoconsciente y la invención[31].

La semiótica de la religión, en el modo en que la practica, por ejemplo, Robert Yelle, es también un modo de giro teológico en

---

29 Ver Nancy, J.-L. (2010); Badiou, A. (2003); Zizek, S. (2009), Santner, E. (2001).

30 Franke, W. (2014).

31 Franke, W. (2016), pp. 5-6: "The nature of poetic and religious knowledge metamorphoses radically along this historical trajectory. It becomes decisively grounded in the secular world and in human faculties of imagination, as well as in language, with its inherently self-reflective structure and dynamics, particularly its self-critical capacity of negation. Despite this, the poetic word retains and reformulates its claim to a religiously revelatory power or function—and sometimes even to extending and re-actualizing Holy Scripture. Just as religious revelation is subjected to myriad forms of secularization in the modern world, with its newly discovered, humanly manipulated media and technologies, so the secular world is, in manifold ways, subject to sacralization, to becoming itself a sign or a resource in unprecedented new forms of revelation that are ambiguously poetic and religious in that they extend—and even tend to surpass—human mastery. In some of the more extreme instances, the limits of finite space and time are suspended through planetary telecommunications making possible omnipresence and synchronicity—a sort of Kingdom Come on earth. The seemingly "angelic" powers arising from hyper-reality and virtual worlds can inspire new, quasi-sacred forms of art and expression."

perspectiva post-estructuralista[32]. Desde su punto de vista, observar los signos de lo sagrado y sus significados en la historia ayuda a descubrir la consistencia de lo divino.

3. TEOLOGÍA POLÍTICA

Muchos de los filósofos que participan en el giro teológico incorporan elementos distintivos de lo que se ha denominado teología política. De hecho, la teología política, por definición, implica la idea de que la teología se "entrelaza" con la filosofía y la política. Configurado y difundido en la literatura académica por Carl Schmitt, se ha utilizado ampliamente el concepto "teología política" como base para estudiar las transferencias entre los significados, los símbolos y las prácticas de los ámbitos secular y espiritual a lo largo de la historia[33]. Lo que Schmitt quiso señalar en su *Teología política* I y II es que es imposible evitar la transferencia de significados entre diferentes campos de conocimiento y acción, particularmente entre la teología y la política, al abordar la comprensión de un determinado fenómeno político o jurídico[34].

Más allá de esta descripción, en la hipótesis general que Schmitt atribuye a la teología política se encuentran dos supuestos diferentes: uno relacionado con la tesis de la secularización –todos los conceptos significativos de la teoría moderna del Estado son conceptos teológicos secularizados– y otro relacionado con la posibilidad de realizar una analogía estructural entre ambos ámbitos –el político y

---

32 Yelle, R. (2013).

33 Una aproximación general a la teología política de Carl Schmitt como método puede encontrarse en Herrero, M. (2015)2 chapters 7 and 8. Herrero, M. (2017)1, pp. 23-43. Ver también Vries, H. de; Sullivan, L. E. (2006); Cavanaugh, W. T.; Scott, P. (2004); Cavanaugh, W. T. (2002); Raschke, C. A. (2015); Hamill, G.; Lupton, J. R. (2012); Kahn, V. (2014); Meier, H. (1998). Una nueva y acertada interpretación de la teología política de Schmitt subrayando el aspecto de la teología política como sociología de los conceptos jurídicos es la de Kahn, P. W. (2011).

34 Schmitt, C. (2005) y Schmitt, C. (2008).

el teológico[35]. La primera parte de la hipótesis que aquí se pone en cuestión fue ya discutida por Kantorowicz y Assmann, quienes han demostrado que las transferencias teo-políticas pueden encontrarse no sólo en la Modernidad, sino también en la Edad Media y en la Antigüedad. De hecho, la obra de Kantorowicz *The King's Two Bodies: A Study in Medieval Political Theology*[36], defiende la transferencia de la idea eclesiológica del *corpus mysticum* a la esfera jurídica en forma de "dos cuerpos del Rey". A través de este ejemplo concreto, muestra cómo la tesis teológico-política funciona en la Edad Media en ambas direcciones, de lo político y jurídico a lo teológico y viceversa[37]. Por su parte, Assmann afirma que, en la Antigüedad, las transferencias eran inversas, ya que los conceptos centrales de la teología eran "conceptos políticos teologizados"[38]. Aunque también podrían encontrarse ejemplos inversos.

La teología política entendida como método no consiste en el estudio de explicaciones históricas causales, sino en poner de manifiesto

---

35 Como he defendido en Herrero, M. (2015). Siguiendo estos dos supuestos, Schmitt desarrolló varias teologías políticas: una "teología política del soberano", una "teología política de la representación", una "teología política del *katechon*", una "teología política romántica" y una "teología política de la revolución". Cada una de ellas, basada en una analogía diferente. La primera de ellas se basa en la analogía entre Dios y el soberano moderno, mientras que la segunda se centra en la analogía entre la representación en la Iglesia y en el Estado Moderno, la tercera en la analogía entre el *katechon* y el poder político, la cuarta en el Dios ocasionalista de Malebranche y la política oportunista de los románticos. Finalmente, la última se basa en la analogía entre la relación trinitaria y los criterios de lo político, la relación amigo-enemigo.

36 Lo que entiende Kantorowicz por "teología política" puede resumirse en este texto Kantorowicz, E. H. (1997), p. 193: "Infinite cross-relations between Church and State, active in every century of the Middle Ages, produced *hybrids* in either camp. Mutual *borrowings and exchanges* of insignia, political symbols, prerogatives, and rights of honour had been carried on perpetually between the spiritual and secular leaders of Christian society (...)." Ya había utilizado la frase teología política en su publicación de 1952 *Deus per naturam, Deus per gratiam: Nota sobre la teología política de la Edad Media*, en la que no se indica lo que significa la teología política, en cambio, vuelve a trabajar con una analogía político-teológica. Además, en *Misterios del Estado* (1953) y *Pro Patria Mori* (1951) incluyen analogías político-teológicas.

37 Sobre el uso de la expresión teología política en Kantorowicz, en relación con Schmitt ver Herrero, M. (2015).

38 Ver Assmann, J. (2000) y Assmann, J. (2000).

los paralelismos estructurales y semánticos entre dos esferas diferentes, la política y la teológica, que aspiran a ser absolutas y que comparten los mismos contextos de significado en una época determinada. No pretende señalar derivaciones causales ni intenciones en los actores políticos. En efecto, tomar la analogía estructural como metodología al margen de la tesis de la secularización, solo habla de la capacidad humana de transportar significados de una disciplina a otra, lo cual puede hacer pensar en una estructura lógica común. A esto se refiere Schmitt, cuando habla de la afinidad estructural entre la teología y la política, basada en un concepto compartido de poder. La relación entre la política y el poder espiritual o la teología siempre permanecerá abierta, y cada momento histórico ha tenido que encontrar una respuesta específica a la relación entre ambos.

Schmitt, por tanto, no propuso buscar derivaciones del dogma, como corresponde, sin embargo, a una "teología política afirmativa"[39]. Ejemplo reciente de este modo de proceder en el contexto del cristianismo es el trabajo de Cavanaugh, quien aboga por utilizar los conceptos teológicos en el contexto político para invertir el movimiento de secularización iniciado por la Modernidad[40]. Propone que el ámbito sagrado podría proporcionarnos conceptos que sirvan como ideas políticas en la praxis, aunque esto sólo es posible si despertamos nuestra imaginación teológica. Milbank y Pickstock han optado por un camino similar bajo la etiqueta de "Radical Orthodoxy"[41].

La idea de Schmitt ha influido ampliamente en la investigación en humanidades. Hamill y Lupton, por ejemplo, consideran la teología política como un discurso crítico de las humanidades destinado a organizar un campo de investigación. De hecho, entienden la "teología

---

39 Este argumento va en contra de las tesis de muchos intérpretes que afirman que Schmitt pretendía justificar la política específica de su tiempo y, en este sentido, sus escritos sobre teología política se originaron al transportar conceptos teológicos a la política para legitimar las acciones y planes de un régimen político definido. Para un buen resumen de esta discusión, véase TAUBES, J. (1983) y, en particular, el capítulo de KOSLOWSKI, P. (1983).

40 CAVANAUGH, W. T. (2002) y CAVANAUGH, W. T. (2011).

41 MILBANK, J.; PICKSTOCK, C., WARD, G. Eds. (1999); MILBANK, J., PICKSTOCK, C. (2000); LONG, S. (2000); WARD, G. (2000); BELL, D. M. JR. (2001); CUNNINGHAM, C. (2002); SMITH, J. K. A. (2002); MILBANK, J. (2003); MILBANK, J.; OLIVER, S. Eds. (2011).

política" como una investigación que procura "identificar los intercambios, pactos y concursos que se dan entre la vida religiosa y la política, especialmente el uso de narrativas, motivos sagrados y formas litúrgicas para establecer, legitimar y reflexionar sobre la soberanía de monarcas, corporaciones y parlamentos"[42].

Lefort, por su parte, propone una forma negativa de considerar la teología política. Admite de buen grado que la sociedad no puede funcionar sin algún tipo de representación de la unidad, que a menudo tiene su origen en la religión. Sin embargo, la forma democrática de representación de la unidad es un lugar vacío, y más concretamente, es la ausencia de un cuerpo. Ahora bien, este lugar vacío, que sigue siendo "un lugar", hace posible una pluralidad de simbolizaciones. El argumento de Lefort sobre la permanencia de lo teológico-político revela cierta ambigüedad y tensión. En cualquier caso, su esfuerzo puede entenderse como la afirmación de que lo político es inseparable de la tensión teológico-política[43].

Agamben, por su parte, afirma también la idea del "trono vacío."[44] En el centro de su tesis, está la caracterización de la Trinidad cristiana como una *oikonomia*. Esto significa que, en contraste con el paradigma teológico-político soberanista atribuido a Schmitt, que enfatiza la unidad del poder, el paradigma económico se refiere principalmente a la gubernamentalidad derivada de otras disposiciones como el ensamblaje, la red, el sistema complejo. Este paradigma económico es análogo a las relaciones intra-trinitarias como relación entre elementos plurales, interdependientes y heterogéneos que, sin embargo, forman una unidad no fundamentada en un orden trascendente a sí mismo. Como atestigua Dean, "la Santísima Trinidad marcó una de las primeras, y quizá más influyentes, aplicaciones de la lógica del dispositivo en Occidente"[45].

El movimiento de la "teología política radical", entre cuyos representantes podemos citar a Robbins, Crockett y Davis[46], aboga por

---

42 Hamill, G.; Lupton, J. R. (2012), 1.

43 Lefort, C. (1988).

44 Agamben, G. (2011).

45 Dean, M. (2019), p. 21.

46 Ver Blanton, W.; Vahanian, N.; Robbins, J. W.; Crockett, C. (2016); Robbins, J. (2011); y Crockett, C. (2011).

realizar algunas intervenciones en la teología con elementos teóricos procedentes del ámbito político. La imagen que se quiere deconstruir no es, como en la perspectiva de Nietzsche, la del Crucificado, sino la del "todopoderoso". Como subraya Crockett, la muerte de Dios en el ámbito político viene a significar que hoy es imposible creer en un Dios racional, benévolo y soberano[47]. Frente a este hecho, la teología política radical concluye que no sólo se hace imposible referirse a Dios en un discurso inteligible, sino que también es imposible pensar a Dios como objeto de fe y, por tanto, no es posible restaurar la religión tal como se entendía hasta ahora. El único camino posible que se abre para una teología consecuente en el período histórico de la muerte de Dios es la sustitución del nombre de Dios por otros nombres en un complejo juego de significados y metáforas tomados del lenguaje político[48]. De hecho, una de las cuestiones centrales que plantea la teología política radical es la de qué puede significar pensar la divinidad a la manera de la democracia[49]. Los nuevos nombres de Dios y su Reino vendrían de la mano de la democracia. La democracia, ciertamente, no es el nombre de un régimen constituido, sino un futuro permanente, una promesa. La democracia concebida como utopía es, en su opinión, la única forma política que permite su propia deconstrucción, ya que garantiza su propia revisión y su propia repetibilidad y por ello asegura la im-potencia frente a toda omnipotencia. Esto ocurre de múltiples maneras y alberga una pluralidad de diferencias[50]. En este sentido, podemos decir que la tarea de la teología política radical es la de asignar nuevos nombres políticos a Dios[51]. Este proyecto político funciona como una auténtica fe. En la medida en que está

---

47 Crockett, C. (2011), pp. 15-16.

48 Crockett, C. (2011), p. 161: "Now according to the temporalization or periodization of modernity, secular concepts succeed and replace theological concepts, which is the more conventional reading of modernity."

49 Crockett, C. (2011), p. 55.

50 Caputo siguiendo a Derrida diría en Caputo, J. D.; Vattimo, G.; Robbins, J. W. (2007), p. 122: "The dream of democracy -let's say it's prayer- is the dream of a world in which we would endlessly be able to reinvent ourselves, in which there would be a profusion of difference rather than fusion or playing in harmony."

51 En un consecuente "reverso" de la teología política schmittiana según la cual: "the metaphysical image, that a definite epoch forges of the world has the same structure as what the world immediately understands to be appropriate as a form of its political organization". Schmitt, C. (2005), p. 46.

siempre abierto a lo "por venir", requiere fe, esperanza y amor. Como afirma Crocket: "Nuestro reto es pensar la posibilidad de una política y una práctica radicalmente democrática, que sería necesariamente una política y una práctica religiosa o cuasi-religiosa en la medida en que la religión es ineludible."[52]

Esta compleja discusión sobre lo postsecular, el giro teológico de la filosofía y la teología política es el telón de fondo en el que se inscribe la idea de Dios en un mundo post-secular.

BIBLIOGRAFÍA

Agamben, G. (1999): *Potentialities: Collected Essays in Philosophy*, Standford: Standford University Press.

Agamben, G. (2011): *The Kingdom and the Glory: For a Theological Genealogy of Economy and Government*, Sandford: Stanford University Press.

Altizer, T. J. (1964): "Theology and the Death of God", *The Centennial Review*, 8, pp. 129-146.

Altizer, T. J.; Hamilton, W. (1966): *Radical Theology and The Death of God*, New York: Bobbs-Merrill Company.

Asad, T. (2003): *Formations of the Secular. Christianity, Islam, Modernity*, Sandford: Stanford University Press.

Assmann, J. (2000): *Politische Theologie zwischen Ägypten und Israel*, München: Carl Friedrich von Siemens Stiftung.

Assmann, J. (2000): *Herrschaft und Heil*, München: Carl Hauser Verlag.

Badiou, A. (2003): *Saint Paul: The Foundation of Universalism*, Standford: Standford University Press.

Bell, D. M. Jr. (2001): *Liberation Theology After the End of History: The Refusal to Cease Suffering*, London: Routledge.

---

52 Crockett, C. (2011), p. 164. Aquí no hay como tal un "giro teológico" sino un nuevo "giro político" muy similar al que inauguró la política de la Edad Moderna por medio de otros instrumentos exegéticos. Véase Herrero, M. (2017).

BENGTSON, J. (2015): *Explorations in Post-Secular Metaphysic,* New York: Palgrave Macmillan.

BENSON, B. E.; WIRZBA, N. (2010): *Words of Life. New Theological Turns in French Phenomenology*, New York: Fordham University Press.

BERGER, P. (Ed.) (2005): *The Desecularization of the World: A Global Overview*, Grand Rapids: Erdmans Publishing Company.

BLANTON, W.; VAHANIAN, N.; ROBBINS, J. W.; CROCKETT, C. (2016): *An Insurrectionist Manifesto: Four New Gospels for a Radical Politics*, New York: Columbia University Press.

BLUMENBERG, H. (1966): *Die Legitimität der Neuzeit*, Frankfurt: Suhrkamp.

BOYARIN, D. (2004): *Border Lines: The Partition of Judaeo Christianity,* Philadelphia: University of Pennsylvania Press.

BRADLEY, A. (2006): "Derrida's God: A Genealogy of the Theological Turn", *Paragraph* 29, pp. 21-42.

BRYDEN, M. (2000), *Deleuze and Religion*, London: Routledge.

CAPUTO, J. D.; VATTIMO, G.; ROBBINS, J. W. (2007): *After the Death of God*, New York: Columbia University Press, 2007, pp. 68-69.

CAPUTO, J. D. (2006): *The Weakness of God: A Theology of the Event,* Bloomington: Indiana University Press.

CARRETTE, J. R. (2000): *Foucault and Religion: Spiritual Corporality and Political Spirituality*, London: Routledge.

CAVANAUGH, W. T.; SCOTT, P. (2004): *The Blackwell Companion to Political Theology*, Oxford, Blackwell.

CAVANAUGH, W. T. (2002): *Theopolitical Imagination: Discovering the Liturgy as a Political Act in an Age of Global Consumerism*, London, New York: T & T Clark.

CAVANAUGH, W. T. (2011): *Migrations of the Holy*, Grand Rapids, MI: Eerdmans Publishing.

COX, H. (1966): *The Secular City: Secularization and Urbanization in Theological Perspective*, New York: Macmillan Co.

CROCKETT, C. (2011): *Radical Political Theology. Religion and Politics after Liberalism*, New York: Columbia University Press.

CUNNINGHAM, C. (2002): *Genealogy of Nihilism: Philosophies of Nothing & the Difference of Theology,* London: Routledge.

DAVIS, K. (2008): *Periodization and Sovereignty: How ideas of Feudalism and Sovereignty Govern the Politics of Time*, Philadelphia: Pennsylvania University Press.

DEAN, M. (2019): "What is Economic Theology? A New Governmental-Political Paradigm?" *Theory, Culture and Society* 36/3, pp. 3-26.

FARNETI, R. (2008): "A Political Theology of the Empty Tomb: Christianity and the Return of the Sacred", *Theoria: A Journal of Social and Political Theory* 116, pp. 22-44.

FRANKE, W. (2014): *A Philosophy of the Unsayable,* Indiana: Notre Dame University Press.

FRANKE, W. (2016): *Secular Scriptures. Modern Theological Poetics in the Wake of Dante*, Columbus: Ohio University Press.

GAUCHET, M. (1985): *Le désenchantement du monde: Une histoire politique de la religion,* Paris: Gallimard.

GOLDENBERG, N. R. (2015): "The Category of Religion in the Technology of Governance: An Argument for Understanding Religions as Vestigial States," in: Stack, T., Goldenberg, N. R., Fitzgerald, T., *Religion as a Category of Governance and Sovereignty*, Leiden/ Boston: Brill, pp. 280-293.

HABERMAS, J. (2001): *Glauben und Wissen*, Frankfurt: Suhrkamp.

HABERMAS, J. (2005): *Zwischen Naturalismus und Religion*, Frankfurt: Suhrkamp.

HAMILL, G.; LUPTON, J. R. (2012): *Political Theology and Early Modernity*, Chicago: The Chicago University Press.

HEMMING, L. P. (2002): *Heidegger's Atheism: The Refusal of a Theological Voice* (Notre Dame: Notre Dame University Press, 2002).

HERRERO, M. (2015): *La política revolucionaria de John Locke*, Madrid: Tecnos.

HERRERO, M. (2015): *The political discourse of Carl Schmitt*, Lanham: Rowmann & Littlefield.

HERRERO, M. (2015): "On Political Theology: The Hidden Dialogue between C. Schmitt and Ernst H. Kantorowicz in The King's Two Bodies," *History of European Ideas*, 41, 8, pp- 1164–1177.

HERRERO, M. (2017): "Carl Schmitt's Political Theology: The Magic of a Phrase" en Herrero, M.; Aurell, J.; Miceli, A., *Political Theology in Medieval and Early Modern Europe: Discourses, Rites and Representations*, Turnhout: Brepols, pp. 23-43.

HERRERO, M. (2017): "The Early Modern 'Philosophical Bible' and the Supposedly Secular Modern State", *The European Legacy*, 22.1, pp. 31-49.

JONKERS, P.; WELTEN R. (2005): *God in France: Eight Contemporary French Thinkers on God*, Leuven: Peeters.

KAHN, V. (2014): *The Future of Illusion: Political Theology and Early Modern Texts*, Chicago, The University of Chicago Press.

KAHN, P. W. (2011): *Political Theology. Four New Chapters on the Concept of Sovereignty*, New York: Columbia University Press.

KANTOROWICZ, E. H. (1997): *The King's Two Bodies: A Study in Medieval Political Theology*, Princeton: Princeton University Press, 1997.

KELLER, K. (2003): *Face of the Deep: A Theology of Becoming*, Abingdon: Routledge.

KEARNEY, R. (2001): *The God who may be: a Hermeneutics of Religion*, Bloomington: Indiana University Press.

KOSLOWSKI, P. (1983): "Politischer Monotheismus oder Trinitätslehre? Zu Möglichkeit und Unmöglichkeit einer christlicher Politischen Theologie", en Taubes, J. Ed., *Der Fürst dieser Welt. Carl Schmitt und die Folgen*, München/Paderborn: Finck/Schöningh, pp. 26-44.

KOSKY, J. (2001): *Levinas and the Philosophy of Religion*, Bloomington: Indiana University Press.

LABORDE, C. (2017): *Liberalism's Religion*, Massachusetts: Harvard University Press.

LEFORT, C. (1988): "The Permanence of the Theologico-Political?" en Lefort, C., *Democracy and Political Theory*, Cambridge: Polity Press, pp. 213-255.

LONG, S. (2000): *Divine Economy: Theology and the Market*, London: Routledge.

LÖWITH, K. (2004): *Weltgeschichte und Heilsgeschehen: Die theologischen Voraussetzungen der Geschichtsphilosophie*, München, Metzler.

MEIER, H. (1998): *The Lesson of Carl Schmitt: Four Chapters on the Distinction between Political Theology and Political Philosophy*, Chicago: The University of Chicago Press.

MILBANK, J.; PICKSTOCK, C. (2000): *Truth in Aquinas*, London: Routledge.

MILBANK, J. (2003): *Being Reconciled: Ontology and Pardon,* London: Routledge.

MILBANK, J.; OLIVER, S. Eds. (2011): *The Radical Orthodoxy Reader*, London: Routledge.

MILBANK, J.; PICKSTOCK, C; WARD, G. Eds. (1999): *Radical Orthodoxy: A New Theology*, London: Routledge.

NANCY, J.-L. (2010): *L'Adoration: déconstruction du christianisme II*, Paris: Galilée.

PURCELL, M. (2010): "Beyond the Limit and Limiting the Beyond", *International Journal for Philosophy of Religion* 68, pp. 121-138.

RASCHKE, C. A. (2000): *The End of Theology*, Aurora, CO: Davies.

RASCHKE, C. A. (2015): *Force of God. Political Theology and the Crisis of Liberal Democracy*, New York: Columbia University Press.

ROBBINS, J. (2011): *Radical Democracy and Political Theology,* New York: Columbia University Press.

ROBINSON, J. A. T. (1966): *Honest to God*, Philadelphia: Westminster Press.

SANTNER, E. (2001): *The Psycotheology of Everyday Life: Reflections on Freud and Rosenzweig*, Chicago: The University of Chicago Press.

SCHMITT, C. (2005): *Political Theology: Four Chapters on the Concept of Sovereignty*, Chicago: University of Chicago Press.

SCHMITT, C. (2008): *Political Theology II: The Myth of the Closure of Any Political Theology*, Cambridge: Polity Press, 2008.

SCHWEIDLER W. (Ed.) (2007): *Postsäkulare Gesellschaft. Perspektiven interdisziplinärer Forschung*, München: Alber Verlag.

SIMMONS, J. A. (2011): *God and the Other: Ethics and Politics after the TheologicalTturn,* Bloomington: Indiana U P.

SMITH, J. K. A. (1999): "Liberating Religion from Theology: Marion and Heidegger on the Possibility of a Phenomenology of Religion", *International Journal for Philosophy of Religion* 46, pp. 17-33.

SMITH, J. K. A. (2002): *Speech and Theology: Language and the Logic of Incarnation,* London: Routledge.

SPIEGEL, G. (2014): "The Future of the Past: History, Memory and the Ethical Imperatives of Writing History", *Journal of the Philosophy of History* 8, pp. 149-179.

STACK, T. (2015): "Introduction" in: in: Stack, T., Goldenberg, N. R., Fitzgerald, T., *Religion as a Category of Governance and Sovereignty*, Leiden/Boston: Brill, pp.1-21.

TAUBES, J. Ed. (1983): *Der Fürst dieser Welt. Carl Schmitt und die Folgen*, München/Paderborn: Finck/Schöningh.

TAYLOR, C. (2007): *A Secular Age*, Cambridge, Mass.: Belknap Press of Harvard University Press.

TAYLOR, M. C. (1984): *Erring: A Postmodern A/theology,* Chicago: University of Chicago Press.

VAHANIAN, G. (1961): *The Death of God: The Culture of Our Post-Christian Era*, George Braziller: New York.

VATTIMO, G. (2002): *Dopo la cristianità. Per un cristianesimo non religioso*, Milano: Garzanti Libri, 2002.

VRIES, H. DE (1999): *Philosophy and the Turn to Religion*, Baltimore: John Hopkins University Press.

VRIES, H. DE (2008): *Religion: Beyond a Concept. The Future of the Religious Past*, New York: Fordham University Press.

VRIES, H. DE; SULLIVAN, L. E. (2006): *Political Theologies. Public Religions in a Post-Secular World*, New York: Fordham University Press.

WARD, G. (2000): *Cities of God*, London: Routledge.

WEBER, M. (1989): "Zwischenbetrachtung: Theorie der Stufen und Richtungen religiöser Weltablehnung", en Weber, M., *Die*

Wirtschaftsethik der Wertreligionen. Konfuzianismus und Taoismus (Tübingen): JCB Mohr.

Westphal, M. (2001): *Overcoming Onto-theology: Toward a Postmodern Christian Faith*, New York: Fordham University Press.

Winquist, Ch. E. (1986): *Epiphanies of Darkness*, Minneapolis: Fortress Press.

Yelle, R. (2013): *Semiotics of Religion: Signs of the Sacred in History*, New York: Bloomsbury.

Zizek, S. (2009): *The Fragile Absolute: Or, Why is the Christian Legacy Worth Fighting For?* New York: Verso Books.

EN LOS LÍMITES DE LA SOBERANÍA: TEÓRICAS POLÍTICAS JUDÍAS CONTEMPORÁNEAS[1]

MIRIAM JERADE

Universidad Adolfo Ibáñez

¿Existe una teología política judía? El término es sospechoso si apuntamos al pensamiento de Carl Schmitt, tanto a su noción de decisión sobre el estado de excepción como al uso de conceptos teológicos cristianos secularizados en la teoría moderna del Estado[2]. Más bien, la noción de teología política judía se utiliza para hacer un contrapunto con la teoría de Schmitt, por ejemplo, la pluralidad en Arendt frente al monopolio del Estado; una noción de mesianismo contraria a la estabilidad soberana o el milagro en Rosenzweig como la excepcionalidad en la inmanencia versus la excepción. La soberanía se ha definido tradicionalmente como el poder político supremo que corresponde a un Estado independiente en un territorio particular. Dado que el pueblo judío permaneció sin un Estado soberano hasta 1948, ¿se puede pensar una política judía o una tradición política judía? Por otro lado, si bien hay una ilustración judía en el siglo XVIII, los filósofos judíos del siglo XX no hablan de secularización, sino que piensan lo sagrado en lo inmanente, en lo cotidiano. De hecho, en el hebreo moderno los conceptos políticos están embebidos de términos bíblicos que difícilmente pierden sus referentes religiosos. No obstante, como sugiere Miguel Vatter a partir de los escritos de Filón de Alejandría,

---

1 Versiones preliminares de este trabajo se presentaron en un seminario de la Red Internacional de Pensamiento Judío organizado por Roberto Navarrete Alonso el 22 de marzo de 2021 y en las XXII Jornadas del Departamento de Filosofía de la UAI. Agradezco a los participantes por sus preguntas y observaciones." Un agradecimiento especial a Jesús de Prado Plumed por sus agudos y enriquecedores comentarios.

2 Schmitt, C. (2009).

la cuestión podría pensarse al revés, que los conceptos teológicos traduzcan de manera más fiel conceptos políticos y jurídicos[3].

En el presente estudio, discutiré el trabajo de tres teóricas políticas judías contemporáneas, Leora Batnitzky, Julie Cooper y Bonnie Honig, que han indagado sobre la tradición de pensamiento político judío y plantean, a partir de la experiencia diaspórica del pueblo judío, la posibilidad de pensar una política en los límites de la soberanía. Ellas han tomado nociones de la teología judía para pensar una política más democrática. Las comunidades judías en la diáspora nos enseñan en sus formas de autogobierno y en la cohabitación de la ley rabínica y la ley cívica que puede haber una política al margen de la soberanía, ahí donde es necesario negociar con el Estado y en ocasiones resistir a sus políticas.

1. PENSAMIENTO POLÍTICO JUDÍO

La soberanía se ha definido tradicionalmente como el poder político supremo que corresponde a un Estado independiente en un territorio particular. Dado que el pueblo judío permaneció sin un Estado soberano hasta 1948, ¿se puede pensar una política judía o una tradición política judía? Si acordamos que existe una tradición de teoría política judía[4], ¿a qué nos referimos con ella? ¿A las instituciones y a los tipos de gobierno y las leyes que han regido dentro de las comunidades judías? O bien, ¿hacemos alusión a cómo las experiencias del pueblo judío en la historia han dado lugar a reflexiones sobre lo político? Las tres teóricas políticas en las que basaré este estudio han reconstruido un pensamiento político judío a contracorriente de la idea moderna que relaciona lo político con el Estado soberano y contra la idea de que el judaísmo anterior a la creación del Estado de Israel fue apolítico.

Leora Batnitzky y Julie Cooper, con sus diferencias, han mostrado por qué la idea de que el judaísmo es apolítico, que se puede rastrear

---

3 Vatter, M. (2021).

4 Sobre los intentos de definir una tradición política judía véase Cooper, J. E. (2016), 67-87.

en pensadores como Spinoza y Rosenzweig, responde a contextos históricos no menos políticos y puede ser interpretada de otro modo[5]. En el caso de Honig, ella no hace una reconstrucción del pensamiento político judío, sin embargo, ha retomado nociones del judaísmo como el shabat o el tikun olam para la teoría política, no con el fin de reconciliar a los judíos asimilados o seculares con ciertas prácticas del judaísmo, como quizás fue la intención de Rosenzweig o de Heschel, sino para mostrar lo que ciertos conceptos del judaísmo pueden aportar a la teoría política[6].

El campo de los estudios políticos judíos tiene apenas unas décadas. Tanto en la Academia norteamericana como en la israelí ha estado dominado sobre todo por hombres, un ejemplo es el Instituto Hartman que tiene la misión de hacer investigación y teoría para el Estado de Israel. Lo que caracteriza a estas tres pensadoras es que proponen una teoría política judía a partir de la experiencia diaspórica del pueblo judío. Un aspecto importante que caracteriza a las tres es que son norteamericanas: Honig es canadiense, pero trabaja desde hace muchos años en los Estados Unidos, actualmente en la Universidad de Brown; Cooper es norteamericana y después de enseñar algunos años en la U. de Chicago, ahora dirige el departamento de pensamiento político de la universidad de Tel-Aviv; Leora Batnitzky es norteamericana y trabaja desde 1997 en Princeton. Menciono esto porque, al igual que Seyla Benhabib, que es una pensadora turca de origen sefaradí que tiene cátedra en Yale, han reconocido que la experiencia de los judíos en América, sobre todo en Norteamerica, ha sido muy distinta a la de los judíos europeos[7]. Como Batnitzky lo ha señalado, el federalismo y el protestantismo son dos aspectos clave para entender por qué la experiencia de los judíos en América fue muy distinta a la europea, donde la experiencia judía en la modernidad parecía no tener otra salida que la disyunción entre la asimilación y el sionismo, es decir: o

---

5 Cooper, J. E. (2017), pp. 473-484; Batnitzky, L. (2000).

6 Véase la entrevista Rossello, D. (2015)

7 Queda por estudiar la de Latinoamerica sobre la cual se ha escrito poco y más bien desde un punto de vista de la historia social. De lo anterior, tenemos trabajos como el de Daniela Gleizer para México donde muestra cómo la ideología del mestizaje influyó en las políticas migratorias y la recepción de refugiados judíos en el siglo XX, el de Adriana Brodsky para Argentina, sobre los judíos sefaradíes y la construcción nacional en el país sudamericano.

asimilarse a la nación y ser un ciudadano del Estado, haciendo del judaísmo una cuestión privada, una religión, ser un "francés en la calle y judío en la casa", o bien crear un Estado propio[8] (si bien Batnitzky y Cooper también muestran que había otras alternativas al sionismo hegemónico dentro del pensamiento judío europeo)[9].

En Europa, la discusión sobre la integración de los judíos a la ciudadanía se tergiversó con el argumento de las dobles lealtades, por ejemplo, durante el caso Dreyfus. En Estados Unidos, donde habría sido improbable una discusión como la francesa sobre el uso del velo en las escuelas, ha sido posible, como sostiene Batnitzky, articular identidades escritas con guion (*hyphenated identities*)[10], ser judío-americano, judío-americano-*queer*, ser judía-árabe)[11]. Esto, dice Batnitzky, hace entrever mejor la posibilidad de dividir o repartir la soberanía entre la comunidad y el Estado (algo que es contrario al concepto tradicional de soberanía como indivisible). Hoy en día, los debates sobre los judíos en los Estados Unidos, se dan también en términos de raza y etnicidad, ¿cómo los judíos se han relacionado en distintos momentos con los movimientos sociales negros? ¿por qué a partir de los años 50-60 del siglo XX comenzaron a blanquearse en la percepción social? (véase, por ejemplo, el libro ya clásico de título significativo de Karen Brodkin) *¿Cuándo se volvieron blancos los judíos?*[12] Estas preguntas, por supuesto, ponen en duda el cosmopolitismo de la sociedad norteamericana y que esas identidades escritas con guion sean armónicas o estén igualmente reconocidas.

Es innegable que la experiencia judía europea dio lugar a una importante tradición de pensamiento político norteamericano, en su mayoría heredera de la vivencia judeo-europea, que cuenta con Hannah Arendt, Leo Strauss, David Novack, Leon Roth, Alan Mittleman, Richard Bernstein entre otros. Desde esa experiencia judeo-alemana, algunos defendieron el liberalismo moderno, otros cuestionaron sus principios. Quizás la más reconocida por haber hecho

---

8 Batnitzky, L. (2020), pp. 4-16.

9 Batnitzky, L. (2015); Cooper, J. E. (2015), pp. 80-110.

10 Esto es algo que se podría encontrar en la España medieval. Ver Nirenberg, D. (2015), pp. 355-372.

11 Batnitzky, L. (2012), pp. 579–605.

12 Brodkin, K. (1998).

de la experiencia judeo-alemana el motor de su reflexión política es Hannah Arendt, quien en una carta a Jaspers decía al salir de Europa que el judaísmo se había convertido en su problema y que éste era un problema político[13].

La experiencia de los judíos alemanes, y de tantos otros apátridas del siglo XX, permitió a Arendt no sólo criticar al Estado-nación y las garantías de la membresía política, sino hacer una crítica de los derechos humanos – una que había iniciado, aunque de un modo muy distinto, otro pensador judío, Karl Marx en relación a quién es el sujeto de los derechos humanos, si los derechos humanos no son en realidad derechos de propiedad[14]. Seyla Benhabib ha convertido en el centro de su reflexión política la célebre frase de Arendt al final del capítulo sobre el Imperialismo en *Los orígenes del Totalitarismo*, "el derecho a tener derechos"[15], es decir, la pregunta por quién garantiza los derechos que se tienen por inalienables. Si bien Benhabib no ahonda en la experiencia de los judíos sefaradíes en Medio Oriente que podría dar lugar a otro paradigma para pensar la experiencia política de los judíos, ella se ha centrado en analizar las prácticas de hospitalidad y de exclusión en los Estados-nación, sin dejar de dar cuenta de las trampas del cosmopolitismo. El "derecho a tener derechos" implica precisamente cuestionar la noción de soberanía, la paradoja entre la universalidad de los derechos y el espacio exclusivo de auto-gobierno y auto-legislación del *démos* en la soberanía democrática[16]. Una de las nociones importantes de Benhabib es la de "iteración democrática" (*democratic iteration*), que se inspira en otro pensador judío sefaradí, Jacques Derrida, de quién toma la noción de iteración que implica repetición y alteración. La pregunta de Benhabib, al igual que la de Marx, es quién es el sujeto de los derechos humanos. El sujeto de los derechos humanos o del "*We*" (nosotros) de la Constitución norteamericana se refería únicamente a los hombres

---

13 Citado en Bernstein, R. J. (1996), p. 21. Un problema político que es igualmente epistemológico, como sostiene Verónica Zebadúa leyendo la obra de Arendt sobre Varnhaguen, una epistemología de la resistencia en la meta-lucidez del paria consciente. Zebadúa-Yáñez, V. (2020), pp. 33–52.

14 Sobre una comparación de los derechos humanos en Marx y Arendt ver Hamacher, W. (2017), pp. 22–66.

15 Benhabib, S. (2009); Benhabib. (2000).

16 Benhabib, S. (2013), pp. 261–292.

blancos con propiedades o, en todo caso, no incluía a las mujeres ni a los esclavos. Solo en la medida en que los movimientos civiles fueron exigiendo derechos, las mujeres, los esclavos pidieron ser sujetos de esos derechos y ser incluidas e incluidos en la esfera pública (vemos aquí la influencia Arendt) ese "We" nosotros, nosotras, ya no refiere al mismo sujeto y entonces, el enunciado "We, the people of the United States" cambia de significado. De modo que los conflictos sociales cambian la hermenéutica del derecho[17]. La iterabilidad democrática es una manera de pensar la esfera pública desde lo agonístico, algo que también hace Honig, si bien en Benhabib podemos leer un cierto sentido de progreso.

Curiosamente Batnitzky y Cooper no se basan en Arendt, mientras que Honig siempre vuelve a ella con aproximaciones poco tradicionales como interpretaciones feministas[18] o la dimensión judía de un texto considerado tan griego como *La condición humana*[19]. Arendt es fundamental para pensar una teoría política judía, no sólo una teoría política desde la experiencia judía. Justamente, en *Los orígenes del totalitarismo*, principalmente en el capítulo dedicado al antisemitismo, Arendt sostiene que la tragedia de los judíos modernos, ciudadanos de Estados-naciones, fue haber convertido la cuestión judía en una cuestión social o personal:

> El reformador judío que transformó una religión nacional en una denominación religiosa con la idea de que la religión es un asunto privado; el revolucionario judío que pretendía ser un ciudadano del mundo para desembarazarse de la nacionalidad judía, el judío culto, 'un hombre en la calle y un judío en casa', cada uno de estos lograron convertir una cualidad nacional en un asunto privado. El resultado fue que sus vidas privadas, sus decisiones y sentimientos se convirtieron en el verdadero centro de su 'judeidad'.[20]

Es decir, el problema, según Arendt, está en despolitizar el judaísmo. Cooper crítica a Judith Butler, Daniel y Jonathan Boyarin cuando sostienen que el judaísmo o la judeidad puede plantearse en términos

---

17 Para su noción de "democratic iteration", ver Benhabib, S. (2006).

18 Honig, B. (1995).

19 Honig, B. (2016), pp. 307–336.

20 Arendt, H. (1998), p. 138.

de una identidad que no responda al sionismo. Cooper quien tampoco es una ciega defensora del sionismo, enfatiza que el problema del sionismo no es identitario, no surge de la pregunta por la judeidad sino que fue una respuesta al antisemitismo[21]. Por supuesto ni Butler ni los Boyarin, padre e hijo, buscan hacer de la judeidad (*jewishness*) una mera cuestión personal, sino un lugar de resistencia. Sin embargo, el problema está quizás en pensarlo en términos de identidad y no de acción consensuada, para retomar a Arendt.

Si bien no podemos considerar a Batnitzky y a Cooper como herederas de Arendt, a quien vuelven necesariamente para plantear el pensamiento político judío es a Spinoza (1632-1677). Tanto Cooper como Batnitzky se remontan a Spinoza porque es el primer autor judío moderno (Cooper dice irónicamente que va sumando títulos de primacía, primer judío moderno, primer judío liberal, primer sionista) que plantea la relación de los judíos con la soberanía[22]. Spinoza plantea esta relación por vía negativa. Es decir, demuestra, en la línea de Hobbes, que la soberanía es exclusiva del Estado y que la ley de la Torá y el gobierno de los rabinos, la teocracia, no tiene ningún poder sobre los individuos que se deben al Estado y a sus leyes. En el *Tratado teológico-político* escribe: "No cabe duda, pues, de que los judíos, desde la disolución de su Estado, ya no están más obligados por la ley de Moisés que lo estaban antes del comienzo de su sociedad y de su Estado."[23] Sin embargo, Spinoza no descarta que en algún momento los judíos vuelvan a tener un Estado, de ahí que haya sido calificado por algunos como el primer sionista:

> Por mi parte, además, pienso que el signo de la circuncisión tiene, a este respecto, tanto poder, que estoy convencido de que él solo basta para conservar eternamente a esta nación. Aún más, si los fundamentos de su religión no afeminaran sus corazones, creería sin titubeos que algún día los judíos, cuando se les presente la ocasión (¡tan mudables son las cosas humanas!) reconstruirían su Estado y Dios los elegirá de nuevo[24].

21 Cooper, J. E. (2018), pp. 109–35.
22 Cooper, J. E. (2017).
23 Spinoza, B. (2014), p. 73.
24 Spinoza, p. 57.

Hay algo de irónico en esta última frase sobre la elección o la re-elección. Spinoza fue excomulgado de la comunidad judía de Ámsterdam y pudo vivir fuera de la comunidad sin tener que convertirse al cristianismo. De alguna manera, al desestimar el poder de las leyes de la Escritura y de los rabinos, demostró que los rabinos en efecto tenían poder. La excomunión, *el jérem*, podía ser terrible. Batnitzky, en la senda de Salo Baron, recupera la autoridad política de las comunidades judías en la era premoderna, donde un individuo era definido legal, política y teológicamente como miembro de la comunidad[25]. Pero, además, había una noción de una comunidad judía transnacional, pues el Mesías iba a reunir a todos los judíos.

Batnitzky y Cooper señalan que, a partir de la experiencia de la diáspora judía, es posible pensar en una teoría política judía al margen de la soberanía: en las comunidades judías había y hay un autogobierno, existen mecanismos para hacer cumplir la ley, sin que por ello la ley rabínica se superponga a la ley del Estado (*din ha-malkhut*). Es cierto que siempre estuvo viva la discusión sobre el límite de la ley del Estado frente a la ley de la Torá, sin embargo, subraya Batnitzky, ni la ley del estado ni la ley rabínica eran completamente soberanas, sino que la soberanía tenía que ser continuamente negociada[26]. Esto es contrario a la noción moderna de Spinoza de la soberanía incondicional, una e indivisible. Batnitzky retoma a Spinoza y a Mendelssohn para mostrar cómo se fue configurando, principalmente en la Haskalah o ilustración judía, la idea de que el judaísmo es apolítico. Esto último es el argumento de su libro *How Judaism became a Religion*?, donde ella incluye no sólo a filósofos, sino a poetas o a autores que se enmarcan en el judaísmo laico y el ortodoxo[27]. Es decir, antes de la modernidad, el judaísmo no fue una religión, nace la religión judía con estos autores que llevan el judaísmo a la esfera privada. La propuesta de Batnitzky, a partir de una lectura de autores judíos norteamericanos, consiste en mover la ecuación entre política y soberanía.

Cooper va igualmente a trabajar con la ecuación política y soberanía, pero tiene otra lectura distinta de Spinoza. Ella hace una

---

25 Batnitzky, L. (2011).
26 Batnitzky, L. (2012).
27 Batnitzky, L. (2011).

comparación entre el capítulo V y el XVII del *Tratado teológico-político*. En el capítulo V, Spinoza retoma la figura de Moisés, quien basaría su poder en el engaño. Con esta reconstrucción de la historia bíblica demostraba a sus contemporáneos que no tenían obligaciones halájicas, es decir, que aquellos que lo excomulgaron no tenían autoridad y, en el fondo, sostiene que el judaísmo rabínico no constituye una comunidad política. Mientras que, en el capítulo XVII, expone que el hecho de haber entregado todo su poder a Dios hace que los hebreos no sean súbditos de un rey: "Sólo Dios, pues, gobernaba sobre los hebreos, y sólo su Estado se llamaba, con derecho, reino de Dios en virtud del pacto [...]."[28] De acuerdo con Cooper, no hay una abdicación de lo político en la teocracia, sino que hay posibilidades políticas al hacer de Dios el poder supremo, pues todos están en condición de igualdad en el pacto. En el capítulo XVII, Spinoza muestra que el Estado teocrático es administrado y que había instituciones políticas funcionales y una división de poderes: "En efecto, el derecho de interpretar las leyes y de comunicar las respuestas de Dios estaba en poder de uno, mientras que el derecho y el poder de gobernar el Estado según las leyes ya explicadas y las respuestas ya comunicadas estaba en manos de otro."[29] Cooper sostiene que las interpretaciones liberales y sionistas de Spinoza ven sólo una crítica de la teocracia y no la viabilidad de una política sin soberanía. Según Cooper, Spinoza expone la manera en que una comunidad se organiza con principios ajenos a un poder soberano absoluto y esto plantearía alternativas sobre la configuración del poder coercitivo, con lo que capturaría la dinámica de las comunidades judías en la diáspora. Esta interpretación, que va en contra de la idea de que la teocracia impide o forcluye lo político, da lugar, según Cooper, para pensar en la agencia política de las comunidades judías, algo que hace a partir de Simon Dubnov, (1860-1941) un historiador judío ruso que defendió la autonomía de las comunidades y la necesidad de la diáspora. Esto no haría, según Cooper, un estado dentro del Estado, recordando un eslogan antisemita, sino que el kahal, la aljama de la España medieval, y otras instituciones de auto-gobierno en las comunidades judías a lo largo de la historia han sido un modelo innovador de organización política

---

28 Spinoza, B. (2014), p. 206.
29 Ibídem., p. 208.

Justamente mi interés en estas autoras reside en que – y con esto recapitulo el argumento que he ido desarrollando en el presente capítulo:

1. En primer lugar, recuperan una tradición de pensamiento político judío y hacen una crítica a la idea de pasividad política del pueblo judío. Esto permite además, como sostiene Cooper[30], criticar lo que Salo Barón llamó la historiografía lacrimógena[31], la idea de que hay un continuum histórico del libro bíblico de Lamentaciones a la Shoah donde el pueblo judío ha sido exiliado, oprimido y aniquilado para mostrar que esa historia no es un *continuum* de lágrimas, sino que no es un *continuum* en absoluto, y que ha habido múltiples maneras de organizarse políticamente en la diáspora.
2. En segundo lugar, hay un aporte en pensar lo político al margen de la soberanía del Estado o, mejor dicho, pensar si la agencia política puede prescindir del Estado. La posibilidad de definir la acción política de una comunidad al margen del Estado y sus instituciones permite pensar lo político en los límites de la soberanía.

Sobre el primer punto, se trata de entender tanto las razones políticas por las que ciertos autores sostuvieron que el pueblo judío era apolítico –con Spinoza eso se puede ver claramente– y cómo leer de otra manera a estos autores para rescatar un pensamiento político al margen de la soberanía, lo que nos conduce al segundo punto.

2. TEOLOGÍA POLÍTICA JUDÍA

Franz Rosenzweig es un ejemplo interesante para pensar lo político en los límites de la soberanía, porque no sigue a Spinoza, es decir, no piensa que un Estado soberano sea la única posibilidad para la nación judía, no fue un sionista, ni tampoco tomó la vía de otros

30 Cooper, J. (2016), pp. 67–87 (p. 70).

31 Baron, S. (1928), pp. 515-526.

nacionalismos, como sí ocurrió en el caso alemán con Hermann Cohen. En la *Estrella de la redención*, Rosenzweig critica la unión entre el pueblo y el Estado, lo que llama "política mesiánica". Los pueblos del mundo buscan en la guerra su auto-conservación, pero en realidad van hacia la auto-destrucción. A esta temporalidad en la que está fincado todo estado soberano, Rosenzweig opone la vida según el calendario litúrgico del pueblo judío:

> Y por esto la verdadera eternidad del pueblo eterno tiene que permanecer siempre ajena al estado y a la historia universal, y hasta serles enojosa. A las horas de eternidad que graba el estado con espada poderosa – las épocas de la historia universal– en la corteza del árbol del tiempo –ese árbol que crece–, el Pueblo Eterno opone, sereno y sin inmutarse, año tras año, un anillo tras otro en torno del árbol de su vida eterna[32].

La lectura más conservadora de Rosenzweig, que de alguna manera instituyó Nahum Glatzer, es que el pueblo judío es radicalmente apolítico o impolítico pues sitúa su existencia fuera de la historia mundial, al margen de la vida pública y plantea una comunidad concentrada en la liturgia y en las horas festivas. Otra lectura posible es que plantear una comunidad que hace una ruptura con la temporalidad soberana, es ya un pensamiento político basado en la condición diaspórica del pueblo judío, una teología política supranacional y anárquica.

Un buen ejemplo de esta segunda interpretación es el análisis que Bonnie Honig hace del concepto de milagro en Rosenzweig, como un contrapunto a Carl Schmitt. Mientras que Schmitt entiende el milagro como una suspensión del orden natural que sería análoga a la suspensión excepcional del orden jurídico por parte del soberano, Rosenzweig entiende por milagro, más bien, la profecía del Dios de la Revelación: "El milagro es esencialmente *signo*"[33]. Y este signo necesita de testigos y de una vivencia de la temporalidad como irrupción. No se trata ni de una reivindicación de la trascendencia ni de una antiteología al modo racionalista, sino un modo de vivir la teología en la inmanencia que implica una comunidad a la escucha del testimonio

32 ROSENZWEIG, F. (1997), p. 396.
33 ROSENZWEIG, F. (1997), p. 137.

y una temporalidad abierta que propone una política distinta a la de Schmitt, a saber, una más democrática. Así explica Honig su interés en la teología política de Rosenzweig:

> Me siento atraída por Rosenzweig porque entendió que la única manera de combatir la problemática alteridad de la teología no era mediante una antiteología inmanente, sino más bien mediante una teología alternativa, una teología inmanente. En la teorización de Rosenzweig del milagro como un acontecimiento que presupone tanto la profecía como una cierta receptividad entre los testigos, encuentro importantes recursos para salir de la influyente afirmación de Schmitt, ampliada por Agamben, de que el estado de excepción es análogo al milagro. Si el estado de excepción es como el milagro, pero en la versión del milagro de Rosenzweig en lugar de la de Schmitt, podemos pensar entonces que la soberanía postula no sólo el poder o la imposición o el gobierno, sino también, sutilmente, la receptividad, la apertura y un futuro[34].

Leora Batnitzky lee estas mismas páginas de Rosenzweig como parte de la historia de los judíos con el estado-nación moderno. En el siglo XX, no sólo estaba en juego la soberanía del Estado sino la presunta unidad nacional, lo que demuestra que el sionismo es un producto del modelo europeo moderno. Sin embargo, Batnitzky ve en Rosenzweig – al igual que en Cohen– la defensa de una pasividad política del pueblo judío que tendría una misión particular al lado de los pueblos del mundo. Es decir, para Rosenzweig, este argumento sobre lo apolítico del pueblo judío tiene, según Batnitzky, consecuencias políticas tanto para los judíos como para los no judíos. Batnitzky sostiene que después de la Shoah es ingenuo, por decir lo menos, mantener

---

[34] La traducción es mía. El original reza: "I am drawn to Rosenzweig because he understood that the only way to combat the problematic otherworldliness of theology was not by way of a this-worldly antitheology but rather through an alternative theology, a this-worldly theology. In Rosenzweig's theorization of the miracle as an event that presupposes both prophecy and a certain receptivity among its witnesses, I find important resources for thinking our way out of Schmitt's influential claim, expanded upon by Agamben, that the state of exception is like the miracle. If the state of exception is like the miracle, but like Rosenzweig's version of the miracle rather than Schmitt's, then we are invited to think about how sovereignty postulates not just power or imposition or governance but also, subtly, receptivity, openness, and a future." Honig, B. (2007), pp. 78–102 (ver principalmente p. 80).

esa idea de pasividad. La cuestión para mí está en cómo interpretar políticamente esa pasividad, si la podemos traducir en términos de resistencia y no como una actitud apolítica. En todo caso, me parece que en Rosenzweig esa pasividad no implica total falta de agencia. Esto se ve, por ejemplo, en su noción de lengua y tierra santa. Sobre la lengua escribe antes de que el hebreo sea la lengua del movimiento sionista en Palestina y del Estado de Israel:

> Y así sucede que el pueblo eterno ha perdido su lengua propia y habla en todas partes la lengua de sus destinos exteriores, la lengua del pueblo en el que habita hospedado. [...] Incluso cuando habla la lengua del pueblo que lo hospeda, cierto vocabulario propio, o por lo menos, una selección propia partiendo del vocabulario de la generalidad, o una manera propia de situar las palabras en la frase, un sentimiento propio [...][35].

De acuerdo con este pasaje, el pueblo eterno no tiene una lengua propia y, por otra parte, la lengua sagrada no es una lengua muerta sino una lengua de oración. Sin embargo, las lenguas judías como el judeo-español y el yiddish demuestran que el pueblo judío no solo habla la lengua del pueblo que lo hospeda, sino que imprime una singularidad, y a la vez crea un sistema lingüístico propio[36]. Hace una intervención en la lengua del huésped. Esto podría interpretarse también desde la búsqueda derridiana de una incondicionalidad sin soberanía, de la cual uno de los ejemplos que da en *Canallas* es "la invención poética de un idioma cuya singularidad no cedería a ningún nacionalismo"[37].

En lo que sigue, ahondaré en el segundo punto, es decir, además de leer políticamente la tradición de pensamiento judío, la propuesta es mover la ecuación de política y soberanía. Cooper hace una crítica a la idea de pasividad entendida desde la ejemplaridad ética, que dejaría de lado la discusión sobre las instituciones, las prácticas y las políticas de las comunidades judías, sobre todo para mostrar que se puede resistir al imperativo del estado-nación y al sionismo hegemónico sin

---

35 Rosenzweig. (1997), p. 359.

36 Sobre este tema véase: Crépon, C. (2005), pp. 661-671; Jerade, M. (2015), pp. 661-677.

37 Derrida, J. (2005), p. 188.

abandonar una aspiración de auto-gobierno. Esto requiere apostar por Dubnov, quien reconocía la autonomía de las comunidades judías, las leyes y auto-gobierno del *kahal*, y no por Spinoza, es decir, apostar por la comunidad política y no por el Estado-nación[38]. Se trata entonces de cambiar la noción de política heredada de la tradición: que no hay política sin poder soberano, que la soberanía requiere de un espacio territorial, que la membresía en el *démos* se deriva de la identidad nacional, que la auto-determinación requiere una correspondencia entre la nación y el Estado. Estas premisas dan también a entender lo fallido de una solución como los dos Estados, en donde judíos y palestinos tendrían cada uno un Estado étnico o nacional. Esto es resultado del hecho de que los teóricos o filósofos judíos siempre conciban el judaísmo y el sionismo como parte de la historia europea. En este sentido, me parece que sólo Derrida cuenta una historia con espíritu decolonial[39]. Salir de la ecuación política-soberanía requiere, dice Cooper, de imaginación. La imaginación política permitiría pensar de otra manera la agencia política en relación con la membresía política[40].

Por último, quisiera exponer la interpretación que Bonnie Honig hace del shabat[41], porque recoge el argumento que hemos expuesto. Por un lado, ella hace una lectura política del shabat a partir de Rosenzweig, a contra corriente de quienes lo han leído como un pensador apolítico y, por otro lado, muestra las posibilidades políticas del shabat judío en sus tres formas (el día sábado, el año sabático y el jubileo). Honig retoma los escritos de Rosenzweig y Herchel sobre el shabat para contraponerlos a la noción de inoperancia (*inoperosità*) de Agamben, quien retoma el shabat porque se suspenden ciertas actividades – hay 39 *melajot* o actividades que los judíos deben abstenerse de hacer: cocinar, escribir, manejar, prender fuego, etc., si bien las que le interesan son las que sí se permite hacer, dice Honig, de manera festiva, como caminar a la sinagoga, caminar sin prisa, sin propósito. El shabat le permite a Agamben presentar una noción de "uso nuevo" que no es meramente estética, sino un hacer en común como el comer,

---

38 Cooper, J. E. (2020), pp. 255–84.

39 Véase Derrida, J. (1997).

40 Cooper, J. (2020).

41 Honig, B. (2019), pp. 1–23.

que sería contrario a la profanación, al tratarse de una sacralización de lo cotidiano. Honig retoma de Agamben la relación de la inoperancia con el cuerpo, un cuerpo festivo. Sin embargo, le critica a éste último que pase por alto el hecho de que el shabat, en las formas del sabático y el jubileo, son una exigencia de equidad y de redistribución que encontramos en Levítico 25[42].

Honig habla de un shabat de la equidad tomando como base el shabat del Señor (el sabático cada siete años o *Shmita*) en el que se descansa la tierra y, según el Éxodo 23, se deja que los pobres recolecten el fruto de la tierra, y el jubileo, que se conmemora cincuenta años, es decir, el año siguiente al múltiplo de siete por siete años, en el que se proclama la emancipación de los esclavos, la restauración de las tierras y la cancelación de la deuda, según Deuteronomio 15. *Yovel* no tendría el mismo étimo que *júbilo* en latín, que participa del campo semántico de la "alegría estentórea", sino que resulta de la raíz trilítera *yod bet lámed*, que significa traer, enviar de vuelta a casa o liberar. Honig sigue a Rashi en cuanto a la unión del shabat al séptimo día, la *shemitá* y el *yovel*, como ella explica: es necesario relacionar la suspensión (del trabajo) con un nuevo uso de la tierra: sólo los pobres pueden recolectar en el año sabático lo que implica una redistribución que tiende a la emancipación y a la búsqueda de equidad en el jubileo.

Honig retoma los pasajes sobre el shabat en la *Estrella de la Redención*, pues si bien Rosenzweig no relaciona el shabat con la Shmitá y Yovel, el shabat tiene una gran importancia en el sistema de la Estrella pues los sábados crean el año litúrgico, pero además: "El sábado es la fiesta de la Creación; pero de una Creación que tuvo lugar con vistas a la Redención."[43] El año litúrgico es un ciclo festivo, la Revelación es representada por las fiestas de Pesaj, Shavuot y Sukkot que son sobre la tierra y la agricultura (como el sabático, la *Shmitá*), mientras que la Redención lo es por Rosh Hashanah y Yom Kuppur, que son fiestas de emancipación. En la Estrella de la redención sostiene que el shabat construye un ciclo que vincula la Creación el viernes por la tarde, la revelación la mañana del sábado y la Redención el mediodía

---

42 Consultamos *The Jewish Study Bible, Tanakh Translation*, BERLIN A. and ZCI BRETTLER. M (trads). (1999).

43 ROSENZWEIG, F. (1997), p. 374.

del sábado. Rosenzweig reconoce que el shabat es una trayectoria hacia la equidad, si bien no lo expresa así:

> Y esta santificación del día del descanso mediante la escucha silenciosa de la voz de Dios tiene que extenderse a toda su casa. No la debe perturbar el ruido de las órdenes: también el sirviente y la criada han de descansar, e incluso se dice que fue por su descanso por lo que se instituyó este día; pues cuando el descanso llega hasta ellos, en verdad toda la casa queda redimida del ruidoso parloteo de los días de labor, y descansa[44].

Rosenzweig lleva esto también al cuerpo, a la comida, a un renacimiento corporal, en una comida que no sólo es un nuevo uso, un comer por placer o sin prisa, sino que la comida en la que se reúnen en torno a la mesa todos los miembros de la casa:

> Aquí todos son iguales a los demás, y cada cual, viviendo para sí, está, sin embargo, unido a todos los otros. [...] Hablar es cosa que se puede hacer en las calles y en las plazas, tan pronto como las gentes casualmente se encuentran; en cambio, comer en común siempre significa una comunidad real, causada y causadora. En este compartir la comida común, que es en sí sin palabras, se expone la comunidad como real y viva en medio de la vida[45].

Es cierto que, a pesar de que esta comunidad está al margen de la soberanía e inclusive podríamos decir que hay una destrucción de la soberanía en el jubileo y una suspensión de la jerarquía en el shabat, esta nivelación no es apolítica. Honig lee el jubileo como un *tikkun olam* (concepto que usa también para analizar la interpretación que hace Arendt del juicio a Eichmann[46]), es decir, una corrección del mundo, una redistribución.

Por último, Honig lleva el shabat a la acción arendtiana. Si bien Arendt no se basó en Rashi sino en San Agustín, el shabat puede ser un ejemplo de acción política si no se reduce al descanso (*menujá*) sino de una cuenta en ceros, como se hace en el Yom Kippur con los votos y los juramentos. El *Kol nidré*, dice Honig, es también un acto

---

44 Rosenzweig, F. (1997), p. 373.
45 Rosenzweig, F. (1997), p. 375.
46 Azoulay, A. and Honig, B. (2016), pp. 48–92.

de habla, una declaración, tanto como el contar en comunidad. Para Rosenzweig, hay un deber de contar dentro del calendario, no es una cuenta individual sino colectiva y, dice Honig, esta puede ser una práctica de rendir cuentas (*accountability*), un mecanismo de autogobierno, un tiempo alterno al de la soberanía.

Esta lectura de Honig ejemplifica que, por un lado, se puede leer la tradición de pensamiento judío políticamente, que un autor como Rosenzweig se puede interpretar políticamente cuando no se iguala lo político a la soberanía. Esto último promete relecturas muy fecundas de la tradición de la filosofía judía. Por otra parte, hay que recordar que la experiencia de las comunidades judías ha sido la de una política en los límites de la soberanía, en negociación con ella, pero también en resistencia. Me parece que lo que las tres pensadoras judías que he analizado nos recuerdan es que las comunidades judías nos pueden enseñar cómo pensar lo político al margen de la soberanía, que permite también imaginar una teoría política judía o una teología política judía como resistencia. Ya el shabat es una resistencia a la temporalidad del reino del trabajo y una emancipación de la desigualdad.

CONCLUSIÓN

Hay tres aspectos que me gustaría señalar para concluir y dejar claro por qué me parece importante y hasta urgente recuperar una tradición de pensamiento político judío. El primero ya lo mencioné antes: evita hacer un continuum de una historia judía lacrimógena con fines ideológicos que deja de lado la experiencia política de las comunidades judías y que Batnitzky y Cooper han retomado para pensar la política en los límites o al margen de la soberanía. El segundo es ir más allá de la cuestión de la identidad judía, si bien entiendo que Butler en *Parting ways*[47] escribe dentro del contexto del *identity politics* americano y de las propias comunidades judías en los Estados Unidos, tanto como Rosenzweig respondía al conflicto de los judíos frente al Estado-nación y daba una respuesta a la dicotomía asimilación o sionismo; no todo problema político se puede reducir a una

---

47 Butler, J. (2012).

cuestión de identidad o de pertenencia. Como escribe Cooper, el conflicto israelo-palestino, la crisis de los dos estados no se va a resolver con identidades híbridas o con reivindicar una cierta pertenencia, sino con imaginación política, y en ese sentido sugiere que la experiencia diaspórica del pueblo judío podría ayudar a pensar formas de autogobierno al margen de la soberanía del Estado[48].

El tercero es señalar los peligros de una ética ejemplar y creo que, para ello, ayuda mucho entender el abordaje político que hace Honig de un autor como Rosenzweig que ha sido leído como un autor apolítco o impolítico a partir de una ética de la heteronomía como pasividad que sería ajena no sólo a la agencia política sino a una demanda de equidad y que, como señala Derrida, tiene derivas nacionalistas: "[...] esta interpretación sutil, retorcida, y egocéntrica de la elección –que puede conducir, lo sabemos también, al estado-nacionalismo en sus formas más violentas, incluso militaristas y colonialistas, aún si la elección se da en términos de deberes morales."[49] El nacionalismo se basa en hacer de una particularidad o una diferencia irreductible una vocación a la ejemplaridad universal. Más que una elección por la responsabilidad ejemplar, me parece que la apuesta para pensar una teoría política judía está en el paria consciente de Lazare que Arendt contrapone a Herzl, y que se caracteriza por una sensibilidad hacia la injusticia que exige movilizarse políticamente junto con otros grupos oprimidos en una resistencia que no es pasiva y que permite desplazar la ecuación entre lo político y la soberanía.

---

48 Cooper, J. E. (2020).

49 Derrida, J. (2009), pp. 129-167 (ver principalmente p. 143).

BIBLIOGRAFÍA

Arendt, H. (1998): *Los orígenes del totalitarismo*, Madrid: Taurus.

Azoulay, A. and Honig, B. (2016): "Between Nuremberg and Jerusalem: Hannah Arendt's Tikkun Olam", *Differences* 27-1, pp. 48–92.

Baron, S. (1928): "Ghetto and Emancipation: Shall We Revise the Traditional View?", *Menorah Journal* 14-5, pp. 515–526.

Batnitzky, L. (2020): "A Tale of Two Leo(n)s: Leon Roth, Leo Strauss, and the Place of Jewish Thought in the Western Canon", *Modern Judaism* 40-1, pp. 4–16.

——— (2011): *How Judaism Became a Religion: An Introduction to Modern Jewish Thought*, Princeton: Princeton University Press.

——— (2000): *Idolatry and Representation: The Philosophy of Franz Rosenzweig Reconsidered*, New Jersey: Princeton University Press.

——— (2012): "Political Theory: Beyond Sovereignty?", en Kavka, Braiterman, and Novak (Eds.), *The Cambridge History of Jewish Philosophy: The Modern Era*, Cambridge: Cambridge University Press, pp. 579–605

Benhabib, S. (2006): *Another Cosmopolitanism*, New York: Oxford University Press.

——— (2013): "Human Dignity and Popular Sovereignty in the Mirror of Political Modernity: Some Themes in the German-Jewish Experience", *Social Research* 80-1, pp. 261–292

——— (2009): *Los derechos de los otros: extranjeros, residentes y ciudadanos*, Barcelona: Gedisa.

——— (2000): *The Reluctant Modernism of Hannah Arendt*, Londres: Rowman & Littlefield Publishers.

Berlin, A. and Zci Brettler, M. (eds.). (1999): *The Jewish Study Bible, Tanakh Translation*, Oxford: Oxford University Press.

Bernstein, R. J. (1996): *Hannah Arendt and the Jewish Question*, Cambridge, Massachusetts: MIT Press.

Brodkin, K. (1998): *How Jews Became White Folks? & What That Says About Race in America*, New Jersey: Rutgers University Press.

Butler, J. (2012): *Parting Ways*, New York: Columbia University Press.

Cooper, J. E. (2015): "A Diasporic Critique of Diasporism: The Question of Jewish Political Agency", *Political Theory* 43-1, pp. 80–110.

——— (2018): "Can Jewish Ethics Speak to Sovereignty?", *Journal of Jewish Ethics* 4-2, pp.109–135.

——— (2020): "In Pursuit of Political Imagination: Reflections on Diasporic Jewish History", *Theoretical Inquiries* 21, pp. 255–284.

——— (2017): "Reevaluating Spinoza's Legacy for Jewish Political Thought", *The Journal of Politics* 79-2, pp. 473–484.

——— (2016): "The Turn to Tradition in the Study of Jewish Politics", *The Annual Review of Political Science* 19, pp. 67–87.

Crépon, M. (2005): *Langues sans demeure*, Paris: Galilée.

Derrida, J. (2009): "Abraham, el otro", *Nombres* 23, pp. 129–167.

——— (2005): *Canallas. Dos ensayos sobre la razón*, Madrid: Trotta.

——— (1997): *El monolingüismo del otro*, Buenos Aires: Manantial.

Hamacher, W. (2017): "Del derecho a tener derechos. Derechos humanos; Marx y Arendt", *Revista Pléyade* 19, pp. 22–66.

Honig, B. (1995): *Feminist Interpretations of Hannah Arendt*, Pensylvania State University Press.

——— (2019): "Is Man a 'Sabatical Animal'? Agamben, Rosenzweig, Heschel, Arendt", *Political Theology* 20-21, pp. 1–23.

——— (2007): "The Miracle of Metaphor Rethinking the State of Exception with Rosenzweig and Schmitt", *Diacritics* 37, pp. 78–102.

——— (2016): "What Kind of Thing Is Land? Hannah Arendt's Object Relations", or: "The Jewish Unconscious of Arendt's Most 'Greek' Text", *Political Theory* 44-3, pp. 307–336.

Jerade, M. (2015): "El monolingüismo del huésped", *Revista Isegoría* 53, pp. 661–77.

Nirenberg, D. (2015): "La moderna ejemplaridad del medievo ibérico", en Cifuentes and Comamala (Eds.), *Els Catalans a La Mediterrània Medieval. Noves Fonts, Recerques i Perspectives*, Roma: Viella, pp. 355–372.

ROSENZWEIG, F. (1997): *La estrella de la redención*, Salamanca: Sígueme.

Diego R. (2015): 'Ordinary Emergences in Democratic Theory: An Interview with Bonnie Honig', *Philosophy Today*, 59.4, 699–710.

SCHMITT, C. (2009): *El concepto de lo político*, Madrid: Alianza.

SPINOZA, B. (2014): *Tratado teológico-político*, Madrid: Alianza.

VATTER, M. (2021): *Living Law. Jewish Political Theology from Hermann Cohen to Hannah Arendt*, Oxford: Oxford University Press.

ZEBADÚA-YÁÑEZ, V. (2020): "*But I Am a Rebel after All!* The Politics of Marginality in Hannah Arendt's Life of Rahel", *Arendt Studies* 4, pp. 33–52.

"NUNCA FUIMOS SECULARES". SOBRE LA PRESENCIA (E INSISTENCIA) DE LO RELIGIOSO EN EL ESPACIO PÚBLICO

NICOLÁS PANOTTO

Universidad Arturo Prat

INTRODUCCIÓN

Durante el 2021 se dio una situación mediática en el marco de la Asamblea Constituyente que se desarrolló en Chile, relacionada con el accionar de algunos actores religiosos, más particularmente cristianos. Uno de los constituyentes que se identifica como evangélico, compartió una declaración que movilizó a parte de las iglesias y de la opinión pública. Expresó que, en una charla con la entonces presidenta de la Asamblea, la Dra. Elisa Loncón, presentó un reclamo por la falta de representación cristiana entre las banderas izadas a la entrada del recinto de la Asamblea, las cuales simbolizan los diversos grupos que componen la sociedad chilena. Según este constituyente, la "bandera cristiana" debería formar parte de dicha exhibición, en vistas de que este sector representa la "creencia mayoritaria" –más de un 80% entre evangélicos y católicos, afirmó– de la sociedad chilena. A esto agregó que, así como se permitió el desarrollo de un ritual mapuche en el marco de uno de los encuentros (al cual definió como parte de la "religión indígena"), debería también aceptarse la manifestación de otro tipo de expresiones religiosas. Hacer lo contrario caería en una práctica de discriminación, alegó el constituyente. Según él, la respuesta de Loncón fue que se decidió no incluir expresiones religiosas en dicha muestra de estandartes por respeto al principio de laicidad que sostiene la asamblea, por lo cual no se debe priorizar ninguna creencia sobre otras y mantener el espacio lo más neutral posible. Esta afirmación deja claro que los pueblos indígenas no se comprenden estrictamente como grupos religiosos sino como comunidades culturales.

Este hecho suscitó varias reacciones. Por su lado, algunos sectores evangélicos circularon una declaración firmada por varios obispos y pastores, con el apoyo de una gran multitud de creyentes, exigiendo la integración de la "bandera cristiana" (¡hasta entonces casi nadie conocía de su existencia!) y denunciando discriminación frente a esta negación. Otros sectores del mismo campo evangélico mostraron su desacuerdo con esta intransigencia, insistiendo en el principio de laicidad, de separación entre iglesias y cuestiones públicas, e incluso denunciando el oportunismo político de los sectores evangélicos que levantaron el avispero sobre este asunto.

Pero también hubo quienes pusieron sobre el tapete las complejidades de esta trama, las cuales distan de ser una cuestión de polarizaciones entre sectores cristianos oportunistas. Algunas de las preguntas fueron las siguientes: ¿en dónde se ubica la distinción entre la representación de grupos sociales y las identificaciones religiosas? ¿Por qué estas últimas no podrían ubicarse en el mismo estatus que los demás sectores identitarios? ¿En qué sentido ontológico no deben ser también comprendidos como espacios de representatividad social? ¿Por qué las perspectivas religiosas no pueden ser entendidas como configuraciones identitarias? ¿Qué las hace distintas? ¿Es porque las religiones deben inscribirse dentro del marco de lo privado, sin pretender contenido público? ¿Es eso realista? ¿Acaso ello no responde a la clasificación moderno-occidental contra la que tanto batallamos en otros ámbitos? ¿Por qué el sentido de neutralidad se plantea a partir de la ausencia de voces religiosas, pero no sobre otras identificaciones? ¿Cuál es el criterio para su determinación? Por el otro lado de la moneda, ¿por qué lo cristiano siempre emerge como la identificación que disputa por esta defensa? En el marco de un debate democrático, y desde el reconocimiento no sólo de la diversidad de creencias que habitan el territorio sino también de la invisibilización de las minorías, ¿es acaso prudente insistir en la representación cristiana en este tipo de escenarios? ¿Apelar al sentido de "mayoría" es un criterio coherente para disputar el espacio público de lo religioso? ¿Cómo representar la realidad de la diversidad religiosa y de espiritualidades en el marco de un espacio democrático?

Lo que levantan estos interrogantes es que, en dicha disputa, desde todos los ángulos que podamos verla, encontramos que el gran problema de origen es el modo en que los procesos de secularización moderna, especialmente en nuestra historia liberal, han moldeado las vías de debate sobre los modos en que lo religioso opera en lo público. Esto, tanto desde cómo se define la idea de "separación" –entre iglesia y estado, religión y política, lo privado y lo público– y las dinámicas de dicha frontera, así como el lugar que tiene el cristianismo como expresión hegemónica de estos procesos. Paradójicamente, tanto un lado como el otro dentro de esta querella son representantes del proceso de secularización moderna, entendida como un marco que, a la vez, divide esferas y procura "contener" el fenómeno de lo religioso, espiritual y sagrado bajo un marco particular, en este caso desde una matriz fenomenológica, social e institucional preponderantemente cristiana. Lo cristiano se instituye no sólo como una expresión predominante en el proceso de secularización, sino que, además, en el marco del proceso de definición de autonomización de esferas sociales, dicha identificación ofrece los elementos a través de los cuales se comprenderá lo propiamente "religioso"[1].

Retomando el caso mencionado al inicio, vemos que las falencias y reduccionismos del proceso de secularización moderna aparecen en ambos lados del altercado: por una parte, en el constituyente evangélico, quien restringe el sentido de lo religioso al cristianismo (tanto en el modo de instrumentalizar la idea de "mayoría cristiana" como en su contraposición con las prácticas indígenas); y por otro, en la presidenta de la Asamblea, quien, siendo mapuche y con un sentido mucho más amplio del lugar social de la espiritualidad, aplica en este caso el tradicional discurso laicista moderno-eurocéntrico-occidental, que vacía de sentido social a lo religioso, poniéndolo en el marco de la polémica y ya bastante cuestionada dicotomía entre lo público y lo privado[2].

Cuando hablamos de secularización, es importante advertir que dicho proceso dista de ser homogéneo. Los vemos, por ejemplo, en la diferencia de enunciación entre el mundo anglosajón y el latino.

---

1 Panotto, N. (2021).

2 Rabotnikof, N. (2008).

Mientras que en el primero, la idea de secularización (*secularization*) remite a todas las posibles vías en que lo político y lo religioso se distinguen y relacionan –es decir, donde se entiende la secularización como proceso cultural de mutación del lugar público de lo religioso y al mismo tiempo las vías políticas y jurídicas con las que se constituye la relación con el "estado secular"–, en el mundo latino, en cambio, se ha tendido a diferenciar secularización y laicidad como dos campos distintos, preponderando las valoraciones del laicismo de tradición francesa para definir esta última[3]. Mientras el primero se relaciona con los procesos de transformación sociocultural de la presencia religiosa a partir de la distinción de esferas entre lo religioso y lo sociopolítico, la segunda restringe la relación entre lo público y lo religioso a partir de los modos en que el Estado se separa de la Iglesia.

De aquí nos preguntamos: ¿hasta qué punto esta distinción entre secularización y laicidad nos permite abordar y repensar los posibles vínculos entre lo religioso y lo político de forma más compleja y amplia? ¿Acaso la idea de laicidad como separación entre Estado e Iglesia no ha devenido en un paradigma que configura las percepciones sobre lo religioso y lo público en general, resultando en una matriz excesivamente jurídica e institucionalista para abordar dicha relación? Está demás aclarar que no se cuestiona la necesaria y urgente separación entre iglesia y estado; por el contrario, en muchos sentidos esta división no se ha alcanzado en los niveles necesarios para la convivencia democrática, precisamente porque carecemos de una cultura política que nos permita resignificar dos cosas: 1) la complejidad del fenómeno religioso, las creencias y las identificaciones espirituales y 2) la multiplicidad de vías y modos para comprender esa relación, más allá del paradigma tradicional de secularización moderna.

1. LO RELIGIOSO Y LO PÚBLICO MÁS ALLÁ DE LA SECULARIZACIÓN

El título de este artículo pretende hacer un paralelo provocativo con el famoso y controvertido libro de Bruno Latour *Nunca fuimos*

---

3 Blancarte, R. (2006).

modernos[4]. Latour plantea que la modernidad intenta modelar una polémica, especialmente con el pasado y sus agentes. Establece una pelea donde hay ganadores y perdedores, una regulación del tiempo, una marca de diferencia con el pasado para delimitar las líneas del futuro. Aquí, por ejemplo, la distinción entre lo humano y no-humano como dos "zonas ontológicas" (donde la primera, de alguna manera, regula y hasta absorbe la segunda), intentó constituir una línea de control y de constitución del "hombre moderno", como resultado de una imposición epistémica y demarcación de una puja de poder[5].

Podríamos hacer el mismo paralelo, afirmando también que *nunca fuimos seculares*, al menos en el sentido que este término se pretendió imponer desde sus orígenes modernos. La secularización, por un lado, imprime una pugna de poder y delimitación antropológica, donde la distinción de lo religioso como campo autónomo, no sólo sirve para sacarle el podio a la iglesia o capturar lo religioso en un campo particular del saber, sino también para consignar una jerarquía ontológica que se contraponga a la matriz moderna con el propósito de legitimarla[6]. De esta forma, lo religioso/espiritual se transforma en el reflejo de un oscuro manto de irracionalidad, especulación, subjetividad, superstición, que se contrapone a la subjetividad moderna entendida como objetividad, veracidad, racionalidad, equilibrio y progreso. Por otro, la secularización tampoco hace eco del lugar real de las religiones, creencias y espiritualidades en las sociedades contemporáneas. Volviendo a la distinción secularización-laicidad, el predominio de este paradigma de separación no nos ha permitido reconocer y estudiar con la profundidad debida el hecho de que lo religioso tiene un lugar público fundamental e irreductible, a pesar de la insistencia en una delimitación maniquea entre las fronteras de lo privado y lo público. En otros términos, hemos confundido la separación iglesia-estado con el formato para entender la (aún mucho más compleja y real) relación religiones/espiritualidades-sociedades/cultura/lo público.

Históricamente la secularización tuvo que ver con cómo establecer, acotar y hasta administrar una diferencia, desde donde se intentó

---

4 Latour, B. (1991).

5 Cfr. Quijano, A. (2000).

6 Maldonado-Torres, N. (2008).

generar vías para encauzar las dinámicas sociopolíticas que ello conlleva. Recordemos que los procesos de secularización moderna estuvieron relacionados con los conflictos religiosos en Europa, como la Paz de Westfalia en 1648, hecho que fue un pivote para el establecimiento del Estado y su sentido secular/laico. Su influencia llega a tal punto que Elizabeth Shakman Hurd habla de la hegemonía del "paradigma westfaliano" de secularización que aún impera, por ejemplo, en las relaciones internacionales[7]. Jocelyn Maclure y Charles Taylor plantean que existieron dos estrategias para construir la relación entre lo religioso y el campo político en esta matriz histórica. Primero, *la estrategia del terreno común*, que implicó establecer un marco general de paz, convivencia y acuerdo en temas centrales, y la segunda, relacionada con establecer una *ética política independiente*, que vaya más allá de las representaciones particulares de cada expresión religiosa[8].

En ambas vías nos encontramos con problemas y limitaciones, que remiten a la bizantina disputa entre lo universal y lo particular en la política: ¿cuál es el terreno de acuerdo y consenso? ¿Desde dónde se establece dicho marco y hasta qué punto puede ser representativo de todas las partes en juego? ¿No se corre el peligro de que lo universal se dibuje a partir de un solo trazo que borronea los contornos de otras posibles opciones y lugares? Estos dilemas los vemos en conocidos debates, como el de Jürgen Habermas con Charles Taylor y Nancy Frazer. Habermas acepta la relevancia pública de las religiones, pero plantea que su inclusión en la arena pública debe darse a partir de un consenso en torno a la razón pública y a cierto lenguaje "traducido", en el macro de un lenguaje representativo. Por su parte, Taylor y Fraser difieren con esta postura al plantear que dicha razón pública no necesariamente da cuenta de la pluralidad de expresiones y contrapúblicos, representados tanto en expresiones religiosas y espirituales como de otro tipo[9]. Nuevamente podemos ver que la disyuntiva en juego es cómo lidiar con la diferencia constitutiva en el formato ofrecido por la secularización moderna.

---

7 Shakman Hurd, E. (2008).

8 Maclure J. y Taylor, C. (2011).

9 Panotto, N, (2020).

En resumen, tenemos el desafío de trazar las dinámicas que enmarcan la diferencia entre lo religioso y lo político más allá de los presupuestos antropológicos y estereotipos socio-culturales que el proceso de secularización moderna propuso, para repensar posibles vías de relación no sólo en términos institucionales sino, sobre todo, en vistas de construir un espacio democrático donde las religiones y espiritualidades sean acogidas como lo que son, es decir, como modos de construir procesos de identificación, subjetivación e identidad. De la misma forma, es necesario repensar los modelos de laicidad, más concretamente su impacto sobre las posibles vías de interacción entre lo público/político y lo religioso, que vaya más allá de la visión institucionalista, jurídica y enfocada en la idea de "separación", así como el de derecho privado, el cual opera como trasfondo para legitimar una idea de libertad religiosa exclusivista. Esto con dos propósitos: primero, para promover instancias de inclusión del mundo religioso, y segundo, para crear una real separación entre iglesia y estado, la cual no se consigue únicamente a través de vías constitucionales o jurídicas sino también desde una reconfiguración de la cultura política.

Como vías para resolver este asunto, hay dos caminos que se entrecruzan y podrían ser complementarios. Más concretamente, nos referimos a la atención sobre dos problemas muy presentes en el tratamiento actual de estos procesos. Primero, *el problema de los reduccionismos conceptuales en torno a lo religioso y lo sagrado*, y segundo, *el problema de la operativización y administración de la secularización*.

2. SUPERANDO EL CRISTIANOCENTRISMO MODERNO

El primer eje implica cuestionar los modos en que lo religioso ha adquirido, durante la modernidad, una conceptualización esencialista, que dista de abordar la diversidad de posibles expresiones e identificaciones en el campo de lo sagrado, las creencias y las espiritualidades. Podríamos decir, incluso, que la misma noción de "religión" es una invención moderna como tal que, en su encauce para delimitar el campo, termina reduciéndolo a una abstracción que no contempla la diversidad existente de espiritualidades, saberes, expresiones y vivencias.

Del lado de las ciencias de la religión, recientemente se han identificado las limitaciones presentes en conceptos donde preponderan marcos catolicocéntricos, modernocéntricos y eclesiocéntricos, sobre nociones como campo religioso, minorías religiosas, institucionalidad religiosa, entre otros, sin atender mediaciones como religiosidad popular, religión vivida, creencias, sabidurías y, sobre todo, espiritualidades[10]. Nuevamente, estos términos pretenden "contener" un fenómeno mucho más complejo al que remiten, lo cual tiene un impacto directo sobre los modos de análisis en torno a su composición, pero que también tiene consecuencias en las mediaciones políticas que sostiene. Un claro ejemplo lo vemos en varios hechos recientes, donde se instrumentaliza la idea de libertad religiosa desde una operación discriminatoria: es decir, se utiliza la apelación a este derecho fundamental para oponerse a otro tipo de libertades (como los derechos a la inclusión, la diversidad, la educación sexual, entre otros), desde la naturalización de una supuesta correlación entre una identificación religiosa con una posición moral, ética, ritual e incluso de estructura institucional[11]. Al final, las voces religiosas conservadoras son mucho más "modernas" y "liberales" de lo que creen: saben muy bien cómo instrumentalizar los conceptos clausurados y esencialistas de lo religioso, la libertad y la moral, incluso del positivismo científico.

Esto, aunque nos cueste hacer el puente, también responde a implicancias fenomenológicas y hasta teológicas, ya que el objeto de la fe y de las creencias es, sobre todo, un objeto que, en palabras de John Caputo, más que "existir", *insiste*[12]. Es decir, lo religioso y espiritual poseen esa dimensión de misterio, de trascendencia, de alteridad constitutiva, donde sus nominaciones siempre pugnan a partir de una indecibilidad que no sólo es parte de su dinámica discursiva, sino de la descripción de su objeto, sea como fuere que se le nombre: Dios, divinidad, espíritus, fuerzas, potencias. Esta tensión remite a la bizantina discusión sobre inmanencia/trascendencia, lo que deviene

---

10 Frigerio, A. (2021); Cfr. Ceriani, C. (2013).

11 Panotto, N. (2019), pp.133-137.

12 Caputo, J. (2013).

en una alarma de vigilancia epistémica sobre cualquier término que pretenda encapsular la construcción de sus mediaciones identitarias en la historia, en este caso el uso homogeneizante de lo religioso.

En resumen, tenemos el desafío de desasnar los modos históricos en que se define lo religioso, ya que estos no sólo impiden dar cuenta del fenómeno en sí en su multiplicidad de expresiones, sino que clausuran otros posibles modos de entender, abordar y promover sus vínculos con el campo socio-político. Sobre todas las cosas, para que el sentido de lo religioso deje de ser instrumentalizado en el marco de pugnas de poder, a partir de voces y posiciones que hacen del reservorio de "lo religioso" un espejo, un campo que contiene todo aquello –exótico, extraño, supersticioso– que es necesario excluir para legitimar lo que se pretende como realmente moral, realmente político, realmente cultural, realmente social, incluso realmente sagrado.

3. DESCOLONIZAR LA SECULARIZACIÓN

Sobre el segundo problema –*la operativización y administración de la secularización*– nos adentramos a la dificultad de entender la laicidad como marco unidimensional para pensar la relación entre lo religioso y lo público (es decir, la extensión del paradigma de la separación iglesia-estado como marco para abordar la diferencia constitutiva religión-política/lo público) En este campo, los estudios poscoloniales han aportado algunas pistas para un análisis crítico de cómo se ha construido la noción de secularización en clave eurocéntrica y colonial. Más concretamente, nos referimos a los estudios subalternos de la India.

Paradójicamente, muchos estudios poscoloniales (como los abordajes de Said, quien responde a un claro cuño francés laicista sobre estos asuntos)[13] y varios análisis del giro decolonial (donde propugna la sospecha marxista como telón de fondo, a partir de la idea de lo religioso como "el opio de los pueblos" en clave neoliberal), más allá de cuestionar la funcionalidad colonial del principio diferenciador moderno eurocéntrico de secularización, continúan apelando a una

[13] Fitzgerald, T, (2017), p.17.

mirada estereotipada e ilustrada en torno al lugar de las expresiones religiosas, lo cual –podríamos decir– constituye una contradicción no menor dentro de estos abordajes, ya que impugna la tan promovida idea dentro de estas corrientes sobre la necesidad de visibilizar conocimientos y performances-otras en clave pluralista dentro del campo religioso. ¿Acaso las religiones y espiritualidades no representan conocimientos-otros? ¿No se dan dentro de estos mismos campos, también plagados de dinámicas coloniales, diversas prácticas contrahegemónicas desde las diferencias coloniales que lo habitan?

No sucede lo mismo con los estudios subalternos de la India –parte de la gran familia de estudios pos/de-coloniales–, que incluso han reflexionado sobre estos temas desde la década de los '50, con una gran producción que perdura hasta la actualidad. Si vemos la historia, tras la declaración de independencia en India en 1947, comienza a discutirse la relación entre Estado y secularización, adhiriendo dicho término a la constitución en 1976. El exministro Prandit Nehru, quien lideró este proceso, optó inicialmente, a partir de una mezcla entre socialismo y liberalismo, por un Estado que separe religión y política.

Esto suscitó serios conflictos –o, mejor dicho, los incrementó–, especialmente alrededor de las tensiones entre grupos musulmanes e hinduistas. Fue en este contexto que Mahatma Ghandi, junto a otros/as, predica el principio de *sarva dharma sambhava*, que quiere decir "todas las religiones deben ser tratadas de la misma manera". Este principio deviene del hinduismo y es levantado básicamente para cuestionar el "paradigma de la separación" predominante en el principio de secularización colonial-moderna. La noción de *sarva dharma sambhava* promueve que el Estado debe acoger a todas las religiones y propugnar "la misma distancia" con ellas y entre ellas, para construir un diálogo tolerante desde la inclusión.

Aquí se vuelve a repetir la historia, pero con otro resultado: el sentido de secularización se replantea en el marco de un conflicto sociopolítico con ropaje religioso, pero asume un nuevo lugar, es decir, una comprensión distinta sobre la dimensión cultural e identitaria de las identificaciones religiosas. La operación no es mover lo religioso hacia lo privado ni demarcar aún más la frontera con lo público y religioso. Más bien, se reinscribe el lugar social de las creencias espirituales –y por ende su relevancia pública y modo de ser asumido por el

Estado– desde su pluralidad, dando cuenta de la relevancia que tienen las espiritualidades para la constitución de la sociedad india. El historiador Gyanendra Pandey, en un estudio sobre los conflictos entre el islam y el hinduismo, dice lo siguiente sobre la dimensión subjetiva de estos procesos donde operan las creencias:

> Lo que quiero demostrar es que poner el acento en estos factores [los propuestos por la secularización] a menudo deja poco espacio para las emociones del pueblo, los sentimientos y las percepciones –en una palabra, un espacio insuficiente a la condición de agente[14].

En la misma línea, el pensador indio Ashis Nandy, en un clásico ensayo titulado "Un Manifesto Anti-Secular"[15] (publicado originalmente en 1985), plantea algunas críticas a lo que denomina como "ideología moderna de la secularización". Una de ellas sostiene que la secularización, en su sentido moderno, pasa de largo frente a algunas de "las finas diferencias" entre ciertas tradiciones sociopolíticas e ideológicas –planteando las posibles ambivalencias y grises sobre nociones como capitalismo, mercado, occidente y oriente, entre otras –, pero mantiene una postura rígida sobre las identificaciones religiosas y su lugar en la cultura moderna. Es decir que puede acoger versiones vulgares y no vulgares de marxismo, de lugares opresores y no opresores dentro del mismo Occidente, pero se niega a ver el fenómeno religioso con el mismo ojo paradojal, dando lugar a un enfoque homogeneizante y obturado.

Por ello, Akeel Bilgrami va a sentenciar derechamente que la secularización implica una imposición por parte de la "ideología modernista" detrás de la instalación del Estado[16]. Partha Chatterjee[17], por su parte, planteará que el principio de secularización que separa tajantemente el Estado y lo religioso puede dar lugar, incluso, a la persecución de minorías. En otros términos, el principio de secularización moderna aplicada al Estado significa crear un muro de exclusión frente a lo religioso como "marco universal para definir la cultura de la India".

---

14 Pandey, G. (2011), p.277.

15 Nandy A. (1995).

16 Bilgrami, A. (1998).

17 Chatterjee, P. (1998).

Esto dio lugar a un extenso debate sobre la pertinencia o no del principio de secularización *per se*, aunque predominó en varios de los estudios indios la idea de lo que se podría denominar como *secularización situada*[18]. Como propone T. N. Madan[19], la secularización debe *ubicarse en su lugar*. Rajeev Bhargava, propone que, frente a los modelos tradicionales de secularización –que define como *secularización hiper-sustantiva* (separación entre iglesia y religión desde valores supremos) y *secularización ultra-procedimental* (que plantea la distinción desde la racionalidad burocrática y tecnocrática)–, es necesaria una *secularización contextual*, desde una mirada no sectaria y no absolutista[20]. Bilgrami, además, hablará de una *secularización emergente* o *negociada*, donde "emergente" se entiende como un marco de relación entre lo religioso y lo político que nazca desde abajo e incida en los espacios sociales[21]. Esto se relaciona con lo que Partha Chatterjee propone como una secularización que se establece a partir de la construcción de un principio de responsabilidad democrática entre los diversos grupos desde el principio de la tolerancia[22].

Este proceso de resignificación de la secularización en la India no fue pacífico ni carente de conflictos, como podemos ver en las continuas confrontaciones entre grupos religiosos desde fines de los '90. Gurpreet Mahajan sostiene que incluso estos procesos de resignificación de la secularización no pudieron bajar la intensidad que provoca la inevitable tensión entre los principios que se creen universales y las identificaciones particulares[23]. Neera Chandhoke, incluso, expone el problema de cómo en el marco de los debates identitarios[24], algunas de ellas se abordan de forma esencialista, lo que hace eco del debate que por estos tiempos se está llevando por nuestras latitudes, en torno a las tensiones que provocan las llamadas "políticas de la identidad".

Lo que podemos rescatar de los abordajes subalternos indios en torno a la secularización son tres elementos. Primero, el necesario

---

18 Losonczi, P. y Van Herck, W. (2015).

19 Madan, T. N. (1987).

20 Bhargava, R. (1998).

21 Bilgrami, A. (1998).

22 Chatterjee, P. (1998).

23 Manhajan, G. (2015).

24 Chandhoke, N. (2015).

debate sobre la relación y las pugnas en torno a las fronteras porosas entre cultura y religión, tema que incluso en la antropología hoy se está desarrollando. Dicho elemento es central no sólo en términos metodológicos, sino también políticos, a la hora de aplicar el principio de laicidad sobre lo que se entiende como religioso, como identitario o como cultural. Las ambivalencias que esto produce las vemos plasmadas claramente en el suceso descrito al inicio alrededor del proceso constituyente chileno, que es un conflicto sobre cómo se operativiza un concepto secular de lo religioso y un concepto intercultural de lo ritual. La clausura en torno a cada uno de estos campos y la imposibilidad de abordar sus vínculos también forma parte de la epistemología compartimentada de la modernidad.

En segundo lugar, estos abordajes dejan ver que las identificaciones religiosas son también identificaciones y representaciones socioculturales con implicancias más amplias, que no habitan sólo la esfera de lo personal y lo privado, menos aún de lo exclusivamente ritual-folclórico. Por ello, más que excluirlas de la dimensión de lo público, las identificaciones religiosas deben ser abordadas desde su centralidad política, en el marco de la diversidad de identificaciones sociales que componen un grupo.

Finalmente, conectado a ello, vemos la importancia de construir una política pública focalizada en clave de diversidad religiosa, donde las distintas expresiones sean llamadas a ser parte de la mesa de diálogo, y no sólo sometidas a un régimen de división. Para que esto suceda, se requiere separar el Estado de la Iglesia como único interlocutor y referente lo que en nuestra región es muy difícil de vislumbrar aún, a pesar del discurso laicista predominante –, y con ello sacar al campo religioso de una especie de aura exclusiva, que lo demarca de las dinámicas propias de la sociedad civil. En otros términos, insistir en una resignificación pluralista de la secularización nos permitirá contrarrestar el monopolio cristiano y promover el lugar de la diversidad de expresiones religiosas y espirituales que apoyan el avance en políticas y prácticas democráticas.

CONCLUSIONES

El filósofo francés Étienne Balibar plantea que, cuando la modernidad demarcó lo religioso como lo "particular" y lo secular como lo "universal", en realidad instauró dos universalidades en competencia y conflicto[25]. Por esa razón, dice Balibar, necesitamos una nueva articulación cívica, una *secularización de la secularidad.*

Lo caminado hasta aquí nos podría llevar a preguntarnos, incluso, si el término "secularización" es tan válido como pretende para ser utilizado como hasta ahora para describir la relación entre lo religioso y lo político. Sea cual fuere, el punto es que necesitamos replantear este principio desde diversas aristas. Para ello, es necesaria una genealogía crítica de su historia y de sus implicancias no sólo con respecto a la forma en que restringe lo religioso, sino en cómo demarca las conceptualizaciones y prácticas políticas a partir de una operación de alterización frente a una otredad-no-moderna, lo que termina excluyendo otras vías de intervención y pertenencia a lo público, que incluso supera lo estrictamente religioso.

Para ese propósito, son necesarias nuevas mediaciones con respecto a las diferencias y distancias que impuso la secularización moderna, tanto en lo que refiere a la definición de los campos y agentes en cuestión, como también de los mecanismos políticos, públicos e institucionales que catalizan su relación con el campo social. Esto último, principalmente, desde un sentido de diferencia y distinción que no necesariamente signifique separación y exclusión sino resignificación, reorientación e incluso reinstitucionalización de la relación entre los sectores en cuestión, precisamente para promover el sentido democrático de diversidad, y con ello confrontar las voces, prácticas y perspectivas hegemónicas que instrumentalizan los modos esencialistas y homogeneizantes de, en este caso, la idea de lo religioso y lo sagrado.

---

25 Balibar, E. (2018), p. 21.

BIBLIOGRAFÍA

BALIBAR, E. (2018): *Secularism and Cosmopolitanism. Critical Hypotheses on religion and Politics*. NY: Colombia University Press.

BHARGAVA, R. (1998): "Introduction" en Barghava, R. (ed.) *Secularism and its Critics*. New Delhi: Oxford University Press, pp. 1-28.

BILGRAMI, A. (1998): "Secularism, Nationalism, and Modernity", en Barghava R (ed.) *Secularism and its Critics*. New Delhi: Oxford University Press, pp. 345-379.

BLANCARTE, R. (2006): "Laicidad: la construcción de un concepto de validez universal", en Da Costs, N. (Ed.), *Laicidad en América Latina y Europa: repensando lo religioso entre lo público y lo privado en el siglo XXI*, Montevideo: Claeh, pp. 32–36.

CAPUTO, J. (2013): *The Insistence of God. A Theology of Perhaps*. Bloomington: Indiana University Press.

CERIANI, C. (2013): "La religión como categoría social: encrucijadas semánticas y pragmáticas", *Cultura y Religión* VII-1, pp.10-29.

CHANDHOKE, N. (2015): "Secularism: The Life and Times of a Difficult Concept", en LOSONCZI, P. y VAN HERCK, H. (Eds). *Secularism, Religion, and Politics. India and Europe*. NY: Routledge, pp. 19-35.

CHATTARJEE, P. (1998): "Secularism and tolerance", en BHARGAVA, R (ed.) *Secularism and its Critics*. New Delhi: Oxford University Press, pp. 380-417.

FITZGERALD, T. (2017): "Postcolonial remains": Critical religion, postcolonial theory, and deconstructing the secular–religious binary", en SINGH J.G. y KIM, D. (Eds), *The postcolonial world*. NY: Routledge, pp. 169-183.

FRIGERIO, A. (2021): "Por que não podemos ver a diversidades religiosa: questionando o paradigma católico-centrico no estudo da religião na América Latina", *Debates do NER* 19-34, pp.75-121.

HURD, E. (2008): *The Politics of Secularism in International Relations*. New Jersey: Princeton University.

LATOUR, B. (1991): *Nunca fuimos modernos. Ensayo de antropología simétrica*. Buenos Aires: Siglo XXI, 1991.

Losonczi, P. y Van Herck, H. (Eds): *Secularism, Religion, and Politics. India and Europe*. NY: Routledge, 2015.

Maclure, J. y Taylor, C. (2011): *Laicidad y libertad de conciencia*. Madrid: Alianza Editorial.

Madan T.N. (1987): "Secularism in Its Place". *The Journal of Asian Studies*, 46, pp. 747-759.

Mahajan, G. (2015): "Contextualizing Secularirism: The Relationship between State and Religion in India" en Losonczi, P. y Van Herck, H. (Eds). *Secularism, Religion, and Politics. India and Europe*. NY: Routledge, pp. 36-64.

Maldonado-Torres, N. (2008): "Secularism and Religion in the Modern/Colonial World-System: From Secular Postcoloniality to Postsecular Transmodernity", en Moraña, M., Dussel, E., Jáureguil, C. (Eds.) *Coloniality at Large. Latin America and the Postcolonial Debate*. Durham & London: Duke University Press, pp. 360-386.

Nandy A. (1995): "An Anti-secularist Manifesto", *India International Centre Quarterly* 22, pp. 35-64.

Pandey, G. (2011): "En defensa del fragmento: escribir la lucha hindo-musulmana", en Freire, R. *La (re)vuelta de los estudios subalternos*. Antofagasta: Ocho libros.

Panotto, N. (2019): *Fe que se hace pública*. Buenos Aires: JuanUno.

Panotto, N. (2020): "Razón pública, religiones y contra-públicos: Crítica a la idea de pos-secularización en Jürgen Habermas", en *Religión e Incidencia Pública. Revista de Investigación*. GEMRIP, 7, pp. 65–90.

Panotto, N. (2021): "Decolonizing secularization: contradictions, challenges and epistemological proposals in post/de-colonial theory". Presentación en "Decoloniality and Disintegration of Western Cognitive Empire – Rethinking Sovereignty and Territoriality in The 21st Century". 15 de abril, 2021.

Rabotnikof, N. (2008): "Lo público hoy: lugares, lógicas y expectativas", *Iconos. Revista de Ciencias Sociales* 32, septiembre, 2008, pp. 37-48.

Quijano, A. (2000): "Colonialidad del Poder y Clasificación Social', *Journal of World–Systems Research* 6-2, pp. 342–86.

RELIGIONES POLÍTICAS, DOGMATOMAQUIA Y FILOSOFÍA PRÁCTICA. UNA MIRADA DESDE VOEGELIN Y SU CORRESPONDENCIA

MANFRED SVENSSON

Universidad de los Andes, Chile

INTRODUCCIÓN

"Está en preparación una traducción española de mi *Ciencia, política y gnosticismo*. La traducción italiana, que fue publicada el año pasado, se volvió un best-seller. Menciono esto porque sugiere que algo está cambiando en el clima político. La parte principal de esta pequeña obra es la crítica a Marx, y aparentemente el sentimiento anticomunista está en alza"[1]. Formuladas en una carta de 1973, estas palabras de Eric Voegelin son ilustrativas del ambiente en el que se desarrolló su obra y del ambiente en el que era recibida. En buena medida, en efecto, Voegelin fue un pensador de la época de los totalitarismos y de la Guerra Fría, y este fue también el contexto de su primera recepción hispanoparlante.

La manera en que se inscribe en las tensiones de esta época se podría ilustrar con innumerables elementos de su biografía, pero tal vez nada lo ilustra tan bien como una mirada atenta a su más célebre obra, *La nueva ciencia de la política*. Publicada en 1952, hoy con frecuencia es leída solo por su discusión del gnosticismo. El lector atento, sin embargo, notará tras pocas páginas que se trata de un libro nítidamente enmarcado en su contexto: las discusiones del antiguo

---

1 Carta a W. Glenn Campbell. 1 de marzo de 1973. VOEGELIN, E. (2007), 30: p.759.

gnosticismo, de las órdenes mongolas de sumisión a Europa en el siglo XIII, o de la revolución puritana del siglo XVI, sirven todas para iluminar "el patrón de guerras universales que domina el siglo XX"[2]. Dado el carácter brutal de dicho patrón, esta orientación contribuyó significativamente al estudio de su obra en vida de Voegelin. El público reflexivo podía por entonces encontrarse con su obra discutida no solo en espacios académicos, sino también en la revista *Time*, que en la primavera de 1953 daba lugar central a la discusión de este libro. Sin embargo, el mismo vínculo con el contexto de Guerra Fría que explica ese temprano reconocimiento pondría también un límite temporal a su influencia. Unos años tras su muerte en 1985, su obra pasó a ser discutida por un más bien pequeño grupo de especialistas. No era un pensador para los optimistas años 90 y el cambio de siglo.

Pero los tiempos han cambiado una vez más. No estamos de regreso en los mismos conflictos que atravesaron la segunda mitad del siglo XX, pero sí estamos de regreso en el conflicto. Cabe decir también que estamos de regreso en conflictos más religiosamente cargados que los que dominaron la escena internacional durante dicha época. No en vano hoy son omnipresentes las discusiones sobre teología política, postsecularidad, pluralismo religioso y desecularización. Como escribiera hace algunos años Mark Lilla, "hemos progresado hasta tal punto que nos enfrentamos de nuevo a las batallas del siglo XVI: sobre revelación y razón, sobre pureza dogmática y tolerancia, inspiración y consentimiento, obligación divina y decencia común"[3]. El mismo Lilla, a pesar de su visión más bien crítica de Voegelin, ha escrito que en este contexto "sus penetrantes reflexiones sobre el impulso gnóstico" deben ser consideradas por todos quienes se ocupan hoy del resurgimiento del mesianismo político[4]. Y tiene razón. La referencia de Voegelin a una "inmanentización del *eschaton*" ha sido recogida en tiempos recientes para iluminar nuestros propios problemas. En una aguda discusión de la política identitaria, por ejemplo, esta fórmula ha sido revivida por Joshua Mitchell para hablar de una "inmanentización del chivo expiatorio"[5]. En lugar de sugerir alguna

---

2 VOEGELIN, E. (2000a), 5: p. 210.
3 LILLA, M. (2011), p. 13.
4 LILLA, M. (2016), p. 42.
5 MITCHELL, J. (2020), p. 132, n. 233.

otra aplicación de sus categorías, aquí nos proponemos un simple balance general de su pensamiento.

En el presente capítulo vamos a partir presentando algunos hitos de su biografía intelectual y espiritual que sugieren por qué nos debe seguir importando su obra. Para esto dirigimos la mirada ante todo a su rica correspondencia, que, como el lector podrá constatar, nos acompañará también en las secciones siguientes. En segundo lugar, dirigiremos la atención a la temprana obra *Las religiones políticas* y a las preguntas teológico-políticas que guiaron su obra entre 1938 y la publicación de *La nueva ciencia de la política* en 1952. En tercer lugar, dedicaremos un breve interludio a contrastar sus posiciones con las de Hannah Arendt, de modo que por el contraste se refuercen algunas de las preocupaciones distintivas de Voegelin. En cuarto lugar, volveremos sobre la cuestión de la tolerancia y la "dogmatomaquia" que las religiones políticas habrían desatado sobre el mundo moderno. Por último, consideraremos las razones por las que Voegelin, a pesar de un diagnóstico en muchos sentidos sombrío, consideraba la suya como una época de renovación. Como veremos, en este punto se cruzan sus inquietudes sobre la religión con el papel que desempeñó su obra en la rehabilitación de la filosofía práctica de cuño aristotélico en la segunda mitad del siglo XX.

1. ASPECTOS DE UNA BIOGRAFÍA INTELECTUAL-ESPIRITUAL

Partamos por algunas consideraciones centradas no tanto en la biografía propiamente tal, sino en lo que podríamos llamar la biografía intelectual y espiritual de Voegelin. Lo primero que conviene notar respecto de su formación intelectual es que Voegelin no tiene en la filosofía su formación primaria. Estamos ante un tipo de pensador que se forma inicialmente en las ciencias sociales y jurídicas y que, desde ahí, desde las preguntas filosóficas que emergen en esas disciplinas, desarrolla una carrera que puede ser considerada primariamente filosófica, aunque su docencia siempre se mantuvo dentro de la ciencia política.

El mundo en el que estudia es, en efecto, un mundo dominado por Kelsen (de quien fue asistente), von Mises (en cuyo seminario conoció a Hayek), Freud, Schumpeter, Otto Weininger y Othmar Spann (quien lo familiarizó con filosofía clásica). En ese ambiente conoció también a Alfred Schütz, con quien sostendría una larga amistad epistolar mientras este era profesor de sociología en la New School en Chicago. En sus *Reflexiones autobiográficas,* este mundo vienés recibe especial atención, como no es de extrañar, a propósito de Max Weber. Las objeciones filosóficas que Voegelin levantara en su contra son importantes, pero en su reflexión retrospectiva subraya también la sobriedad científica de Weber con la que Voegelin entronca. Ahí declara también su temprana admiración por la vastedad del conocimiento empírico sobre el que Weber descansa[6]. A su modo, Voegelin fue un "empirista": con una orientación filosófica muy distinta a la de Weber, su obra terminó descansando sobre un amplísimo registro de experiencias humanas de trascendencia desde Egipto a Grecia y China. Hay importantes giros en su obra posterior, pero la primera experiencia intelectual en Viena deja una huella formativa indeleble.

Un segundo punto a considerar es la difícilmente clasificable experiencia religiosa de Voegelin. Aunque provenía de una familia protestante, este trasfondo claramente dejó escasa huella en él. Pero hacia 1932 hay al menos una inquietud por preguntas religiosas, una novedad para quien hasta aquí se ha ocupado primariamente de la teoría del Estado y de las teorías raciales. Por ese entonces, su amigo Eduard Baumgarten lo presiona con cierta frecuencia en sus cartas, interrogándolo sobre sus "inclinaciones a cierta creencia religiosa" (*Glaubensneigungen*) o por la sospecha de que se está volviendo "piadoso"[7]. La respuesta de Voegelin en esa etapa es que no se ha vuelto piadoso, pero que sí se ha vuelto escéptico respecto de la visión científica moderna, y que ese escepticismo lo ha abierto a la legitimidad de otras "disposiciones fundamentales" (*Grundhaltungen*)[8]. Sus estudios, apunta cuatro años más tarde, le han empezado a mostrar

---

6 VOEGELIN, E. (2011), 39–41.

7 Cartas a Eduard Baumgarten del 10 de octubre y 28 de noviembre de 1932 VOEGELIN, E. (2009), 29: pp. 97 y 105.

8 VOEGELIN, E. (2009), 29: p. 105.

un mundo premoderno que en ciertos sentidos era mucho más libre que el de las modernas ideologías positivistas[9].

Las lecturas que lo acompañan de aquí en adelante lo llevarían a una significativa cercanía respecto del cristianismo, pero se trata de una afinidad que, como indicamos, es muy difícil de caracterizar. Lilla lo ha descrito como si jamás hubiera habido por parte de Voegelin una adhesión doctrinal al cristianismo y como si su relación respecto del mismo hubiese sido primariamente crítica[10]. Esa caracterización merece ser matizada en muchos sentidos, pues hay momentos de profunda intensidad y comprensión en su adhesión al mismo[11]. Pero ciertamente se trata de la afinidad de un espíritu escéptico, y que en medio de las disputas de su tiempo se resiste a todo intento de clasificación. Como indica en una de sus cartas, "si me intentan clasificar como católico o protestante, respondo que mi cristianismo es anterior a la Reforma; si me describen como tomista o como agustiniano, digo que soy un cristiano preniceno"[12]. Estas evasivas –como él mismo las describe– luego circularían como fidedigna información. Quien busca comprenderlo deberá también dejarlas a ellas de lado. Tal vez lo más preciso que cabe decir para dar cierta caracterización filosófica a su orientación es lo siguiente: en Voegelin hay una orientación fundamentalmente mística, pero se trata de un misticismo muy atento a los símbolos con que los seres humanos han expresado su participación en el fundamento divino de su existencia. De ahí el carácter históricamente arraigado de su reflexión.

En cualquier caso, como quiera que describamos su trayectoria espiritual personal, esta se cruza desde los años treinta con la crisis política europea por la que tuvo que abandonar Austria y luego el continente. Como pronto podría constatar, no se trataba solo de una crisis política europea, y así su inquietud intelectual permanente comenzó a tomar forma: la pregunta por la relación entre el orden del alma y el orden de la comunidad política. Pasemos a considerar las tesis y los acentos fundamentales con que aborda dicha relación.

---

9 Carta a Eduard Baumgarten, 25 de agosto de 1936 Voegelin, E. (2009), 29:134.

10 Lilla, M. 2016, 31.

11 A mi parecer, el documento más representativo de esta faceta es la carta a Alfred Schütz del 1 de enero de 1953. Voegelin, E. (2007), 30: p. 122–131.

12 Carta a John East, 18 de julio de 1977. Voegelin, E. (2007), 30: p. 825.

2. LAS RELIGIONES POLÍTICAS Y EL GNOSTICISMO

En 1938 Eric Voegelin respondía a una carta de Friedrich Hayek señalando que la preocupación de éste por el sistema económico y la intervención estatal se vería adecuadamente complementada si Hayek considerara también "la evolución de la mentalidad religiosa en una dirección colectivista"[13]. Adjunta a la carta las pruebas de imprenta de su próxima obra –*Las religiones políticas*–, y le transmite en apretada síntesis los logros de su carrera académica hasta el momento, en esperanza de que esto pudiera interesar a alguna institución en Estados Unidos. Como tantos otros, estaba en la ruta de la emigración, buscando dónde asentarse. Durante esos años, en medio de su huida de la Austria anexada, Voegelin recurrentemente se presenta ante colegas norteamericanos señalando que "la mayor contribución que puedo hacer hoy en la disciplina está indicada por el término 'religiones políticas'"[14]. Naturalmente, los acentos varían luego según el interlocutor. Mientras a Hayek le describe su preocupación como dirigida al carácter "colectivista" que tendría la religiosidad presente, en otras cartas subraya el carácter interdisciplinario que se requiere para la comprensión de este fenómeno. Con aguda conciencia de su singular preparación en ese registro interdisciplinario, señala en una carta a Harvard que "hasta donde puedo ver, en este momento soy el único estudioso que comprende este fenómeno tanto desde su lado histórico y político como desde el punto de vista de la psicología y la ciencia de la religión"[15]. Su apreciación no era injustificada: no solo poseía significativo conocimiento en estos distintos campos, sino que ha continuado repercutiendo sobre muchos de ellos (baste aquí con el insigne ejemplo de Jan Assmann entre los egiptólogos).

En *Las religiones políticas* de 1938 cristalizaría, en un primer breve libro, esta preocupación por el cruce entre el orden político y el orden del alma que, como hemos visto, lo acompañaría a través de

---

13 Voegelin a Hayek, sin fecha (1938) VOEGELIN, E. (2009), 29: p. 153.

14 Carta a William M. MacGovern (Northwestern University). 20 de noviembre de 1938 VOEGELIN, E. (2009), 29: p. 191.

15 Carta a Gottfried Haberler (Harvard, 6 de abril de 1938 VOEGELIN, E. (2009), 29: p. 148 Véase también la carta a Malcolm Davis, del Carnegie Endowment, 5 de abril de 1938.

toda su obra. El lugar de Voegelin en la historia de este tipo de aproximación es central. Si bien antes se había reflexionado sobre el carácter religioso de algunos movimientos políticos, y ocasionalmente se había usado la fórmula "religiones políticas", es Voegelin el primero en usarla ofreciendo una discusión detenida[16]. Raymond Aron, como es sabido, practicaría una crítica similar acudiendo al concepto de "religión secular". Pero si en el caso de Aron se trata de una crítica realizada desde dentro de la tradición intelectual del liberalismo, ¿cómo caracterizar el enfoque de Voegelin? En el bosquejo de su pensamiento que ya hemos citado, Mark Lilla afirma que, en *Las religiones políticas,* Voegelin "atacaba a los nazis como hijos de las tinieblas, aunque culpaba al moderno Occidente secular por hacer posible el nazismo"[17]. Vale la pena detenerse en esa descripción para precisar el sentido de esta obra. En la observación de Lilla, hay dos afirmaciones que conviene separar: una sobre el tipo de denuncia ("los hijos de las tinieblas") que la obra realizaría, y otra sobre el trasfondo (el "moderno Occidente secular") que explicaría los problemas del presente. Atendamos a estos dos puntos por separado.

Respecto del primer punto, la observación de Lilla parece algo descaminada. Cuando Voegelin publica esta obra, la verdad es que recibe la acusación opuesta: la de ofrecer una descripción demasiado aséptica, demasiado poco comprometida con la denuncia del nazismo. Como él mismo escribe a Thomas Mann (quien había levantado tal acusación), no ve sentido en involucrarse en una "guerra literaria contra el nacionalsocialismo"[18]. Este punto puede tener cierta importancia, pues nos permite comprender que, si bien hay un sentido en que se trata de denuncia, lo fundamental para Voegelin es dar aquí con una herramienta que le permita una efectiva comprensión, que le permita ir más allá de lo que en el prólogo a la obra llama "contrapropaganda ética"[19]. "La exposición sería mala –escribe– si diera la impresión de que aquí nos las vemos con algo necio, bárbaro y despreciable, que se trata solo de pura inferioridad moral"[20]. No se trata,

16 Maier, H. (2007).

17 Lilla, M. (2016), p. 29.

18 Carta a Thomas Mann, 1939 Voegelin, E. (2009), 29: p. 203.

19 Voegelin, E. (2014), p. 24.

20 Voegelin, E. (2014), p. 25.

pues, de simplemente desenmascarar a los "hijos de las tinieblas". El punto es importante más allá de Voegelin, pues existe un uso trivial de fórmulas como "religión política" en que la identificación de un movimiento como religioso se usa como recurso para designar su maldad o irracionalidad. Como Voegelin está implicado en un temprano intento por comprender bajo esta mirada un movimiento totalitario, vale la pena notar que no es ese el espíritu de su obra.

¿Pero qué hay del segundo punto? ¿Culpa Voegelin al Occidente secular moderno por el surgimiento de movimientos como el nacionalsocialismo? Esta observación de Lilla desde luego es más justificada. Para Voegelin, es un hecho que la secularización de la vida generó "el caldo de cultivo en que han podido medrar movimientos religiosos anticristianos como el nacionalsocialismo"[21]. Pero aquí resulta importante notar qué es lo designado por Voegelin como secularización. No se trata, debemos subrayar, de que esté en tela de juicio la secularidad del Estado o el proceso de diferenciación funcional moderno. Voegelin se inscribe, por lo demás, en una tradición agustiniana para la que la secularidad se define no por contraste con lo religioso: la vida secular es, simplemente, la vida temporal, en el *saeculum* en contraste con la eternidad[22]. Sería absurdo considerar la existencia y preservación de tal secularidad como algo que prepara el camino para el totalitarismo. Esa existencia secular o temporal puede darse de un modo abierto o cerrado a la trascendencia, y en ella siempre ha habido y habrá coexistencia entre quienes se orientan de un modo y otro. Con todo, una existencia secular vaciada de toda orientación hacia su propio fundamento producirá distintos movimientos de redivinización. Y es sobre ese fenómeno que principalmente deja caer su mirada Voegelin. "La secularización es redivinización", escribe a Alfred Schütz en 1953[23]. En la formulación de esta carta, la secularización ni siquiera es descrita como paso previo, como el vaciamiento de sentido que luego conduce a la divinización totalitaria de una autoridad terrenal; secularización y redivinización acaban siendo tratados incluso como dos caras de la condición contemporánea.

---

21 VOEGELIN, E. (2014), p. 24.

22 Al respecto véase GRIFFITHS, P. (2012).

23 Carta a Alfred Schütz. 10 de enero de 1953. VOEGELIN, E. (2007), 30: p. 135.

Este problema de la redivinización o sacralización de un pueblo, un movimiento o una idea puede, desde luego, ser abordado con un variado elenco de términos. Si en su obra de 1938 Voegelin había acuñado la fórmula "religiones políticas" para tratar estos asuntos, dos años más tarde esta fórmula ya ha desaparecido de su vocabulario. La idea de un sucedáneo de la religión (*Ersatzreligion*) es frecuente en escritos de las siguientes décadas, y gradualmente esta mirada se fue precisando para dar luz al diagnóstico del mundo contemporáneo como atravesado por tendencias gnósticas. Esta es la tesis más comúnmente asociada a su nombre. Voegelin ve la modernidad como un momento de triunfo de esa corriente tardoantigua –el gnosticismo– que en los siglos II y III fue una fuerza arrolladora y que conocemos ante todo por su dualismo cósmico en la explicación de la naturaleza del mal.

La elección de esa categoría para iluminar fenómenos modernos puede parecer singular, sobre todo si se considera que, en la obra de Voegelin, apenas hay discusión de los gnósticos tardoantiguos. Con todo, Hans Jonas –el indiscutible experto en gnosticismo antiguo de su generación– ya había puesto en circulación ese tipo de interpretación de la modernidad. Lo que le interesa a Voegelin de ese gnosticismo antiguo es fundamentalmente su experiencia de alienación respecto del mundo. La experiencia de insatisfacción, de que esa insatisfacción proviene de algo que está mal organizado en el mundo, y de que puede haber una salvación de ese mal mediante tal o cual proceso histórico. Pero esa psicología entra en la narrativa de Voegelin recién cuando se cruza con una visión progresiva de la historia, visión cuya primera manifestación encuentra en Joaquín de Fiore a fines del siglo XII. Es ahí donde se formula una serie de símbolos centrales de la política moderna: la idea de la historia concebida en tres fases, la del profeta de la nueva era, la del hombre nuevo, y la de la hermandad de personas autónomas[24]. Y es ahí donde se inicia el proceso de "inmanentización del *eschaton*" que Voegelin considera fundamental para entender la historia de los siguientes siglos.

¿Cómo evaluar esta aproximación de Voegelin a los problemas del siglo XX (ahora también nuestros)? Voegelin tiene aquí momentos

---

24 Voegelin, E. (2006), pp. 133–162.

notables de fineza psicológica, al describir el aislamiento intelectual que produce la mentalidad gnóstica, la impermeabilidad a argumentos, la convicción de que toda crítica proviene de las fuerzas del mal que buscan retenernos en el engaño. Por otra parte, tiene una tendencia bastante recurrente a la aplicación apresurada de esta categoría del gnosticismo a todo tipo de fenómenos contemporáneos. Fascismo y marxismo, por supuesto, pero también positivismo, progresismo, psicoanálisis, etc. suelen integrar estas listas de movimientos gnósticos. Pero concediendo lo problemático que es ese uso de este instrumento, vale la pena subrayar la flexibilidad con que él mismo terminaría comportándose respecto de él. Aquí ocurre, en efecto, algo no muy distinto del abandono que tempranamente hizo de la noción de "religiones políticas", aunque de un modo menos abrupto o total. El gnosticismo vuelve a aparecer en las siguientes décadas como categoría para estudiar fenómenos del presente, pero de modo esporádico, y con conciencia de sus límites. En carta de 1968 al gran medievalista Alois Dempf, Voegelin escribe que sigue lidiando con su estudio de Hegel y Marx como gnósticos, pero reconociendo que esto "no es tan simple como lo había pensado"[25].

La carta en cuestión retrata fielmente el proyecto de Voegelin: tanto la continuidad de su exploración como el carácter tentativo que en algunos sentidos tiene la misma. Esas dos caras de la moneda se encuentran igualmente presentes durante los treinta años finales de su vida, que estuvieron dedicados primordialmente a *Orden e historia*. Esta obra revisa en cinco volúmenes las experiencias de participación humana en el orden cósmico/divino y su simbolización. Se trata de un proyecto muchísimo más ambicioso que sus obras anteriores en términos de erudición, pero que, aunque menos dirigido al diagnóstico crítico del presente, se orienta a la misma pregunta por la relación entre orden cósmico, orden del alma y orden político. También este proyecto, por cierto, fue objeto de un nuevo comienzo tras el volumen tercero, y la obra completa acabó inconclusa. Las tesis tempranamente elaboradas en *Las religiones políticas* se mantienen así en pie, pero con consciente cuidado ante el uso apresurado de estas categorías. "En base a las fuentes –le escribe a uno de sus discípulos– no hay

---

[25] Carta a Alois Dempf. 2 de enero de 1968. Voegelin, E. (2007), 30: p. 562.

cómo establecer relación inequívoca alguna entre desorden institucional y desorden espiritual que pueda ser generalizada"[26].

Dejemos esta sección volviendo sobre la orientación espiritual del mismo Voegelin. No volvemos a ella por motivos biográficos, sino porque si lo caracteriza cierto misticismo, en éste él también ve la respuesta a los problemas cuya historia traza en sus principales obras. Entre esos problemas se encuentra no solo la "inmanentización del *eschaton*", sino también la dogmatomaquia que deriva de tal inmanentización. Con este término "dogmatomaquia" Voegelin busca atender al hecho de que no solo se sacraliza con frecuencia elementos de la vida temporal, sino que además se fosiliza los símbolos o doctrinas con que expresamos nuestra participación de lo eterno. Nuestros conflictos religiosos, le parece, no son predominantemente conflictos entre distintas experiencias de la trascendencia, sino conflictos sobre los conceptos con que esa experiencia se expresa. Recordemos, antes de sacar conclusiones muy gruesas, que Voegelin es un autor atento al valor de tales símbolos. Conceptos como "Trinidad" o "inmortalidad" desempeñan un papel positivo en la comunicación humana. Sin embargo, ese papel solo pueden desempeñarlo en la medida en que conservan conexión con la experiencia de la cual nacieron. La dogmatomaquia es la lucha entre defensores de esos símbolos –o de sus equivalentes políticos– una vez que los símbolos se han vuelto dogmas separados de la experiencia.

Si ese es el diagnóstico de Voegelin, de ahí se sigue también una comprensión específica de la tolerancia. Se trata precisamente de una concepción "mística" de la tolerancia, por la cual los "sabios reconocen tras la variedad de sus símbolos dogmáticos, a los que cada participante en el diálogo sigue adhiriendo, un mismo vuelco hacia Dios"[27]. Así lo describe en carta a Carl Schmitt. Los orígenes de esa aproximación los encuentra en Nicolás de Cusa y Bodino, pero se trata de una orientación que Voegelin a todas luces hace suya. Es la visión de alguien que retiene la fe que le ha tocado por circunstancias biográficas, pero que se encuentra "profundamente conmovido por su

---

26 Carta a Gerhart Niemeyer. 29 de julio de 1957. VOEGELIN, E. (2007), 30: p. 322.

27 Carta a Carl Schmitt. 8 de mayo de 1951. VOEGELIN, E. (2007), 30: p. 89.

conocimiento comparativo de la variedad religiosa en la historia"[28]. También en una carta a Hannah Arendt de 1951, habla de una "tolerancia fundada en el misticismo" como el elemento fundamental que necesitamos sumar a los clásicos griegos y a los profetas de Israel para enfrentar los dilemas del presente[29]. ¿Cómo evaluar esta orientación, y en particular esta concepción de la tolerancia? La gran pregunta que surge ante ella es si acaso tal perspectiva se toma suficientemente en serio las religiones concretas (y las visiones políticas concretas, cuando de la dogmatomaquia teológica pasamos a la política). La tolerancia es un modo paciente de enfrentar diferencias sustantivas, y esta visión de la tolerancia corre el riesgo de más bien disolver tales diferencias. Pero además, cabe notar, existe el riesgo de un peligroso elitismo al postular esta disposición mística como requisito para la tolerancia. ¿No se vuelve así más bien improbable la tolerancia como una virtud común?[30] Si nos volvemos sobre la obra de Voegelin con las tensiones del presente en mente, estas son algunas de las preguntas que deben ser levantadas.

3. INTERLUDIO: ERIC VOEGELIN Y HANNAH ARENDT

A la luz de las cartas que acabamos de citar, puede resultar iluminador, en un breve interludio, contrastar la aproximación de Voegelin a los movimientos totalitarios y las religiones políticas con la que cultivaron algunos contemporáneos como Hannah Arendt, Carl Schmitt y Leo Strauss. Después de todo, Schmitt suele seguir siendo considerado una figura de carácter fundante para la reflexión teológico-política. Arendt y Strauss, por otra parte, si bien no forman propiamente un movimiento o escuela con Voegelin, comparten con él el exilio tras el ascenso nacionalsocialista y cierta pretensión de rehabilitar la filosofía política de cuño clásico. Pero sus diferencias son importantes[31]. Si bien en el diagnóstico de la modernidad Voegelin podía tener un consenso significativo con Strauss, Voegelin no está primariamente

---

28 Voegelin, E. (1998), 23: p. 210.

29 Voegelin, E. (2007), 30: p. 71.

30 Para discusión más detenida me permito remitir a Svensson, M. (2021).

31 Para la relación con Strauss véase ante todo Cooper, B y Emberley, P. (1993).

interesado en lo que la historia de las *ideas* puede decirnos sobre nuestros desvaríos. Su preocupación central es más bien la "pneumopatología" subyacente (la expresión es tomada de Schelling). Se trata, como hemos visto, de notar cómo el desorden del alma se expresa en la vida y la reflexión política. Esto nos dice también algo respecto de cómo situarlo respecto de Schmitt, quien tan recurrentemente opera como paradigma de la reflexión teológico-política. En contraste con él, Voegelin no está preocupado ni del origen religioso de nuestros conceptos políticos ni de las analogías estructurales entre el ámbito religioso y el político; la discusión voegeliniana está más bien orientada a poner de relieve el carácter estructurante que tiene la experiencia religiosa para la acción racional del hombre, en particular para su vida política[32]. En esta materia, sin embargo, puede ser particularmente iluminador comparar a Voegelin con Arendt, quien se distancia expresamente de la teorización sobre las religiones políticas.

En más de un sentido se trata de carreras paralelas: Arendt publica *Los orígenes del totalitarismo* en 1951, un año antes de que Voegelin publicara *La nueva ciencia de la política*. Pero hay aquí dos orientaciones fundamentalmente distintas, cuyo mejor retrato se encuentra tal vez en la frase de san Agustín que cada uno de ellos tiene por predilecta. Arendt recurre una y otra vez a la afirmación de *La ciudad de Dios* XII, 20 según la cual el hombre fue creado para que haya un comienzo (*Initium ut esset homo creatus est*)[33]. Voegelin, en tanto, usa de epígrafe para cada tomo de *Orden e historia* una afirmación de *De vera religione* 29, 52: "En la consideración de las criaturas no debe practicarse una curiosidad vana y perecedera, sino dar el paso hacia las cosas que son inmortales y siempre permanecen". Es mucho lo que podría decirse sobre cada una de estas frases y su lugar en el proyecto de cada uno de estos autores. Lo menos que cabe decir es que revelan la orientación primordialmente inmanente en un caso y trascendente en el otro. Ahora bien, ¿qué ocurre cuando esas dos orientaciones se vuelcan sobre un mismo fenómeno? Una reseña de Voegelin a *Los orígenes del totalitarismo* nos puede servir para contrastar el rumbo de sus reflexiones.

---

32 Para este contraste véase Gontier, T. (2013).

33 Véase, por ejemplo, Arendt. H. (2009), p. 201.

Se trata de una reseña en general elogiosa, en que Voegelin reconoce que la obra de Arendt no solo "abunda en formulaciones brillantes e intuiciones profundas" sino que "por lo que respecta al fenómeno del totalitarismo, penetra los asuntos teóricamente relevantes"[34]. La primera parte de la obra es asimismo descrita por Voegelin como "la mejor historia breve del problema del antisemitismo de la que hoy dispongamos"[35]. Con todo, Voegelin considera igualmente que "este libro sobre los problemas de nuestra época está también marcado por tales problemas". Sus objeciones a Arendt son, de hecho, muy pronunciadas, aunque algunas de ellas pueden descansar en simples malentendidos. Ese parece ser el caso, por ejemplo, cuando Voegelin se dirige a las últimas páginas de la obra, donde Arendt caracteriza a los movimientos totalitarios no tanto por la transformación del mundo externo, la revolución o transformación de la sociedad, sino por "la transformación de la naturaleza humana misma" (como efectivamente lo formula ella en cap. 12, III). Comentando estas páginas, Voegelin concuerda con Arendt en que ahí reside la esencia de los movimientos totalitarios, pero a su parecer Arendt tiene ante la posibilidad de un tal cambio de naturaleza una disposición insuficientemente crítica: la discute como si fuera posible. No obstante, esa objeción, como señalamos, puede descansar sobre un simple malentendido. Después de todo, alguien podría reconocer que hay una transformación de la naturaleza humana en al menos dos sentidos muy distintos: en el sentido de que efectivamente se cree una nueva naturaleza, o en el sentido de que es posible atrofiar la naturaleza que ya existe. Y es en ese sentido que Arendt, según responde a Voegelin, lo había escrito. Si el éxito del totalitarismo se identifica con una "radical e inaudita liquidación de la libertad como realidad política y humana", hay un sentido en que la naturaleza humana es maleable. Aquí las diferencias entre ambos pueden ser fundamentalmente terminológicas[36].

Donde la disputa, en cambio, sí es real, es en torno a la descripción de las raíces y esencia del totalitarismo. Voegelin reafirma aquí lo que ya hemos apuntado respecto de su comprensión de tal origen: "la revolucionaria explosión totalitaria en nuestra época es el

---

34 Voegelin, E. (2000b), p. 16.
35 Voegelin, E. (2000b), p. 18.
36 Arendt. H. (2018), p. 578.

punto culminante de una evolución secular"[37]. De una perspectiva como esta no se encuentra, en efecto, rastro alguno en la aproximación de Arendt. Y la diferencia es fundamental pues, para Voegelin, esto muestra "cuánto fundamento compartido tienen en realidad liberales y totalitarios, el esencial inmanentismo que los une y que llega a anular las diferencias de *ethos* que los separan"[38]. La línea de demarcación fundamental del presente no sería entonces "aquella que separa a liberales de totalitarios", sino la que separa "al trascendentalismo filosófico o religioso, por una parte, del inmanentismo liberal o totalitario, por otra"[39]. En su respuesta Arendt rechaza, como no es de extrañar, el epíteto de "liberal", y no se pronuncia sobre la acusación de inmanentismo. Lo que sí hace es defender su proceder, que no busca las raíces del totalitarismo en una orientación espiritual o intelectual precedente, sino en las "diferencias fenoménicas" cronológicamente más cercanas (racismo, imperialismo, etc.) que lo explicarían. Así, en una aguda descripción del contraste entre ambos, Arendt nota que, mientras para Voegelin es fundamental la enfermedad espiritual de las masas, para ella lo que hace distintas a las masas contemporáneas es precisamente el hecho de que son masas[40]. Vale la pena subrayar, sin embargo, que aquí también hay una importante coincidencia. Aunque Arendt rechaza toda la idea de describir el totalitarismo como religión secular o religión política, también la mirada de ella está puesta en un vacío previo a la irrupción del totalitarismo. No podría ser de otro modo. De la identificación y descripción de ese vacío pueden seguirse, como vemos, proyectos intelectuales muy distintos, pero preguntar por él es la condición básica para pasar de la denuncia a la comprensión.

---

37 VOEGELIN, E. (2000b), p. 16.
38 VOEGELIN, E. (2000b), p. 22.
39 VOEGELIN, E. (2000b), p. 22.
40 ARENDT. H. (2018), p. 575.

4. RELIGIÓN Y RENOVACIÓN DE LA FILOSOFÍA PRÁCTICA

Si en la sección precedente subrayamos ciertas diferencias entre Arendt y Voegelin, cabe notar que hay también momentos y temas en que prima de modo inequívoco lo que tenían de acuerdo. En carta a Gertrud Jaspers, en noviembre de 1952, Arendt le pide preguntar a su marido Karl si acaso había recibido ya una copia de *La nueva ciencia de la política*, pues de lo contrario ella le enviaría una. En dos breves líneas, añade ahí su juicio sobre la obra: "Pienso que va por el camino equivocado, pero que sin embargo es importante. Es la primera discusión fundamental de los problemas reales desde Max Weber"[41]. Dado su desacuerdo sobre la noción de religión política, esta "discusión fundamental de los problemas reales" tiene que referirse no al análisis voegeliniano del gnosticismo, sino más bien al difuso movimiento de rehabilitación de la filosofía práctica del que puede considerarse parte a ambos autores. Cuando se piensa en dicho movimiento, se suele privilegiar figuras alemanas de los años sesenta y setenta, como Gadamer, Spaemann o Habermas. Pero en una generación anterior, un impulso similar unió a filósofos políticos en el exilio, como Arendt, Strauss y Voegelin. En sus múltiples variantes y generaciones, en cualquier caso, este movimiento procuró reafirmar la independencia del saber práctico respecto del saber científico-constatativo, que en buena medida se había erigido como modelo de todo saber, y "restituir al saber referido al obrar su capacidad de orientación"[42]. Cada uno a su manera, Arendt y Voegelin responden a esa búsqueda.

En su brillante síntesis de este movimiento, Franco Volpi ha levantado también una duda respecto de su viabilidad hoy. Como escribe, la rehabilitación del saber práctico ha tenido lugar en un contexto "post-metafísico, en un horizonte demasiado chato y más débil que el de Aristóteles"[43]. Para Volpi, parece improbable que este saber práctico, que orienta sobre todo respecto de los medios, pueda tener la función revitalizadora que de él se espera si no se toca de modo suficiente

---

41 Hannah Arendt a Gertrud Jaspers, 1 de noviembre de 1952. ARENDT, H Y JASPERS, K (1992), p. 203.

42 VOLPI, F. (1999), p. 338.

43 VOLPI, F. (1999), p. 341.

este marco de sentido en el que, por independiente que sea, toda reflexión práctica tiene que insertarse. Un cuarto de siglo más tarde, su advertencia sigue pareciendo muy pertinente. No obstante, si algún autor en estas sucesivas olas de la rehabilitación aristotélica escapa a tal crítica, parece ser precisamente Voegelin. Sean cuales sean sus otras insuficiencias, su obra muestra de modo inigualable la medida en que la rehabilitación de la filosofía práctica y las preguntas sobre el sentido o sobre el orden del alma pueden estar integradas. El carácter no puramente aristotélico, sino enfáticamente platónico-aristotélico de su pensamiento, puede en parte explicar este hecho. Se cruzan así en su obra dos movimientos –la rehabilitación de la filosofía práctica y cierto redescubrimiento de la religión– que aún hoy debieran apuntar a un cruce fructífero.

Voegelin no consideraba tan única su posición en lo que a este cruce respecta. Es un tópico más bien recurrente en su obra el afirmar que ya por décadas se estaba ante un fenómeno de renovación espiritual e intelectual de proporciones colosales, y precisamente en las dos dimensiones que hemos mencionado. En múltiples lugares de su obra, Voegelin pasa revista a las últimas décadas de trabajo intelectual bajo el prisma de esta renovación. Se trata de autores y movimientos dispares, pero que –orientados a distintas fuentes– comparten la pregunta por el vínculo entre orden cósmico y orden del alma. Nombres como los de Werner Jaeger en el estudio de Grecia, Maritain o Gilson respecto del mundo medieval, o el trabajo de von Balthasar y de Lubac en torno al periodo patrístico son ejemplos obvios. Pero cuando Voegelin pasa revista a la renovación intelectual del presente debe añadirse a Richard Niebuhr y Karl Löwith, Arnold Toynbee y Karl Jaspers, Charles Cochrane y muchos otros. Hay diferencias de orientación entre estos nombres, y algunas de esas diferencias pueden ser de gran importancia. Pero a Voegelin le parecía tener por delante un movimiento de renovación dotado de una orientación medianamente compartida, que conjugaba la orientación clásica y religiosa que hemos notado[44]. Cuando en 1952 escribe la *Nueva ciencia de la política*, es precisamente porque le parece que todo este movimiento

44 Para una síntesis epistolar véase la carta a Jürgen Schüddekopf, 27 de febrero de 1953 VOEGELIN, E. (2007), 30: pp. 142–49.

de restauración, por lento que sea, había llegado a un punto en el que había cimientos para "una nueva ciencia del orden". La obra, aunque en realidad apenas discute a estos autores de modo explícito, se presenta en su prefacio como una "introducción a este movimiento" y a su promesa de restauración[45].

En el centro de este proyecto se encuentra, pues, la pregunta por "la conexión entre tipos de racionalidad y tipos de experiencia religiosa"[46]. Explorar dicha conexión con sentido supone, desde luego, que es posible clasificar ciertas experiencias religiosas como superiores y otras como inferiores, precisamente en atención al tipo de apertura a la realidad que logra acompañarlas. Se trata de una pretensión fuerte, pero que, apoyados en estos dos movimientos, podemos tomar en serio. Porque si la rehabilitación de la filosofía práctica fue uno de los grandes giros de la historia intelectual del siglo pasado, la "vuelta de la religión" (en la vida real y en el estudio de la misma) es uno de los grandes fenómenos del presente. El modo en que estos movimientos pueden cruzarse –y en particular lo que pueden significar para la idea de una ampliación de la razón– aún está insuficientemente explorado.

CONCLUSIÓN

"¿Puede este movimiento espiritual, que es de carácter internacional, volverse socialmente efectivo antes de que nuevas catástrofes totalitarias nos sorprendan?". Así preguntaba Voegelin en una carta de 1949[47]. Su respuesta era más bien escéptica. No creía, por ejemplo, que los partidos demócrata-cristianos, centrales en la reconstrucción europea de ese momento, pudieran interpretarse en tal clave. Dudaba de que los inspirara siquiera alguna filosofía en particular[48]. En 1939, ya sostenía una imagen igualmente crítica del estado de las distintas iglesias cristianas.

---

45 Voegelin, E. (2000a), 5: pp. 107–108

46 Voegelin, E. (2006), p. 38

47 Carta a Karl Koch. 18 de abril de 1949. Voegelin, E. (2009), 29: p. 635

48 Carta a P.E. Corbett. 18 de febrero de 1948. Voegelin, E. (2009), 29: p. 547

> Una nueva disposición religiosa, que podría ser efectiva en la reestructuración de la sociedad, está apenas rudimentariamente presente en unos pocos individuos. Las iglesias establecidas, a pesar de la conducta heroica de unos pocos individuos (los Niemöller) ya no tienen la fuerza suficiente para ese esfuerzo[49].

Levanta así preguntas pertinentes tanto respecto de los partidos demócrata-cristianos como de las iglesias, por mucho que ellas merezcan una discusión con más matices de los que se encuentra en estas cartas. Incluso si se comparte su mirada escéptica al respecto, sin embargo, cabe recordar que –como todo pensador inscrito en la tradición socrática– está ofreciendo algo distinto de una simple descripción de realidades sociales. Se trata, más bien, de un ejercicio terapéutico que apela a personas singulares. Como lo expresa en otra carta de1949, "el mundo puede estar en crisis, pero nadie está obligado a ser parte de esa crisis"[50]. Pocas fórmulas recogen como ésta la convicción de que la filosofía está involucrada en una tarea no solo de descripción y comprensión, sino también de orientación.

BIBLIOGRAFÍA

Arendt, H. (2009): *La Condición Humana*, Buenos Aires: Paidós.

———. (2018). *Ensayos de comprensión. 1930-1954: Formación, exilio y totalitarismo*, Barcelona: Página indómita.

Arendt, H. y Jaspers, K. (1992): *Correspondence 1926-1969*. Nueva York: Harcourt Brace.

Cooper, B. y Emberley, P. eds. (1993): *Faith and Political Philosophy. The Correspondence between Leo Strauss and Eric Voegelin 1934-1964*, University Park, PA: Pennsylvania State University Press.

Gontier, T. (2013): "From 'Political Theology' to 'Political Religion': Eric Voegelin and Carl Schmitt." *The Review of Politics* 75-1: pp. 25–43.

49 Carta a Ruthilt Lemche. 26 de enero de 1939. Voegelin, E. (2009), 29: p. 206.

50 Carta a Wolfgang Schnabl, 30 de mayo de 1949. Voegelin, E. (2009), 29: p. 641.

Griffiths, P. J. (2012): “Secularity and the Saeculum.” *Augustine’s City of God: A Critical Guide* Cambridge: Cambridge University Press.

Lilla, M. (2011): *El Dios que no nació. Religión, política y el Occidente moderno*. Barcelona: Debate.

———. (2016): *The Shipwrecked Mind: On Political Reaction*. Nueva York: New York Review Books.

Maier, H. (2007): “Political Religion: A Concept and Its Limitations.” *Totalitarian Movements and Political Religions* 8-1: pp. 5–16.

Mitchell, J. (2020): *American Awakening: Identity Politics and Other Afflictions of Our Time*, Nueva York y Londres: Encounter Books.

Svensson, M. (2021): “Beyond Dogmatomachy: Eric Voegelin’s Bodinian Understanding of Toleration and Symbolization.” *The European Legacy* 26-6: pp. 587–602.

Voegelin, E. (1998): *History of Political Ideas. Volume V. Religion and the Rise of Modernity*. Vol. 23 The Collected Works of Eric Voegelin, Columbia and London: University of Missouri Press.

———. (2000a): *The New Science of Politics*. Vol. 5. 34 vols. The Collected Works of Eric Voegelin, Columbia and London: University of Missouri Press.

———. (2000b): “The Origins of Totalitarianism.” *Published Essays 1953-1965* The Collected Works of Eric Voegelin 11, Columbia y Londres: University of Missouri Press.

———. (2006): *La nueva ciencia de la política: una introducción*, Buenos Aires: Katz Editores.

———. (2007): *Selected Correspondence 1950-1984*. Vol. 30. 34 vols. The Collected Works of Eric Voegelin, Columbia and London: University of Missouri Press.

———. (2009): *Selected Correspondence 1924-1949*. Vol. 29. 34 vols. The Collected Works of Eric Voegelin, Columbia and London: University of Missouri Press.

———. (2011): *Autobiographical Reflections. Revised Edition with Glossary*. The Collected Works of Eric Voegelin 34, Columbia and London: University of Missouri Press.

———. (2014): *Las Religiones Políticas*. Madrid: Trotta.

Volpi, F. (1999): "Rehabilitación de La Filosofía Práctica y Neo-Aristotelismo." *Anuario Filosófico* 32-1: 315–42.

SIN DIOS Y SIN INFIERNO: HANNAH ARENDT Y EL PRINCIPIO DEL COMIENZO[1]

FACUNDO VEGA
Universidad Adolfo Ibáñez

"Mucha esperanza — para Dios — esperanza infinita —, sólo que no para nosotros".

Franz Kafka, en Max Brod, Franz Kafka, eine Biographie, Frankfurt am Main, Fischer, 1954, 95

Es noviembre de 1972. Hannah Arendt ya no sufre la fragilidad de los primeros tiempos como inmigrante. La "Toronto Society for the Study of Social and Political Thought", de hecho, ha organizado una conferencia intitulada "The Work of Hannah Arendt". En el término de tres días, la autora se mide con los desafíos de una variedad de teóricas y teóricos, por caso, C. B. Macpherson, Hans Morgenthau, Mary McCarthy, Richard Bernstein y Hans Jonas. Este último, un viejo amigo de Arendt, inquiere con insistencia sobre el fundamento de la vida en común, sugiriendo que aquello que en las charlas se había puesto en entredicho, "lo metafísico", debía ser tenido en cuenta en aras de lograr una "dirección última" [*final directive*] para el ser humano. Al parecer de Jonas, la pregunta sobre la vida humana en un hogar compartido requería de juicios sobre "principios últimos"

---

1 Este texto fue presentado en las XII Jornadas de Filosofía de la Universidad Adolfo Ibáñez realizadas en agosto de 2021 y mantiene su estructura original. Resulta uno de los primeros pasos para la confección futura de un libro intitulado *The Politics of Beginnings: Hannah Arendt Today*. Su realización contó con el apoyo del Proyecto FONDECYT 11221323.

[*ultimates*][2]. Arendt, sin embargo, sugiere que debe protestar. De manera determinante, le responde a Jonas que "si nuestro futuro dependiera de lo que usted afirma —esto es, de que lográramos un principio último que desde lo alto decidiera por nosotros [...]—, yo sería totalmente pesimista. Si éste es el caso, estamos perdidos. Porque tal cosa exige realmente la aparición de un nuevo dios" [*new god*][3].

En este texto, querría sugerir que tal señalamiento sobre la ausencia de Dios en tanto fundamento incontrovertible de la vida en común resulta un prisma privilegiado para comprender la búsqueda teórica de Arendt respecto del comienzo de la acción política. La propia Arendt supo señalar que los interrogantes en torno del comenzar son tan añejos como las tematizaciones filosóficas sobre la política en tanto tal[4]. No obstante, las experiencias políticas centrales de la modernidad le otorgan a este dilema filosófico-político una relevancia particular. En palabras de Arendt, "las revoluciones son los únicos acontecimientos políticos que nos confrontan directa e inevitablemente con el problema del comienzo [*the problem of beginning*]"[5]. Tal juicio de Arendt acerca de la política moderna no es aislado, sino que pone de manifiesto una preocupación teórica persistente dentro de su obra: el desarrollo de una confrontación denodada con la tradición filosófica para, reconociendo el carácter abisal de la modernidad política —es decir, la desaparición de todo fundamento incondicional que sirva de base para la vida en común—, dotar al "comienzo político" de un principio que lo libre del puro espontaneísmo del gran acontecimiento y de lo dado.

La posición de Arendt muestra quizás un dejo trágico puesto que su caracterización del suelo abisal de la política moderna no resulta una mera celebración del *Abgrund* político. Junto con las revoluciones, de hecho, es otro acontecimiento el que torna indispensable una nueva elucidación sobre el fundamento del "comienzo político":

---

2 Jonas, H. (1979), p. 312. (Todas las traducciones son de mi autoría).

3 Arendt, H. (1979), p. 313

4 Por caso, Arendt sugirió que: "Platón ha una vez sentenciado: 'Pues *el comienzo es también un Dios* [der Anfang ist auch ein Gott], mientras se halle entre los seres humanos, todo lo salva' (*Leyes*, 775)". Arendt H. en Neske G. y Kettering, E. (1988), p. 232. Énfasis agregado.

5 Arendt, H. (2006a), p. 21.

el advenimiento totalitario. El totalitarismo, evidentemente, no sólo supone, al parecer de Arendt, la destrucción de toda posibilidad de comienzo en tanto despliegue de una escena política plural. El fenómeno totalitario, definido por Arendt como aquello que "nunca debería haber sucedido" [*hätte nie geschehen dürfen*][6], también implica, a su modo de ver, la necesidad de retornar a la pregunta acerca de cuál es el principio que debe regir un nuevo comienzo. Los términos en los que Arendt presenta este dilema en su respuesta a Jonas son llamativos: "estoy completamente segura de que toda [la] catástrofe totalitaria no habría sucedido si la gente creyera todavía en Dios o, mejor dicho, en el infierno, es decir, de haber existido principios últimos. Pero no los había" [7].

A pesar de que, particularmente en conjunción con el "principio" o "principios" de la acción, la cuestión del "comienzo" atraviesa toda la obra arendtiana, desde su libro sobre Agustín y hasta *The Life of the Mind*[8], Arendt no es sistemática al determinar su naturaleza. En respuesta a tal brete teórico, pues, en las páginas que siguen ofreceré una lectura tentativa que, organizada en tres tesis, busca poner atención en las variaciones arendtianas sobre el "comienzo" vis-à-vis la ausencia de Dios.

1. LAS FORMAS DEL COMIENZO Y EL PROBLEMA FILOSÓFICO-POLÍTICO

Si bien ciertos aspectos de la reflexión arendtiana sobre el "comienzo" suscitan controversias, algunos debates parecen ya zanjados. Por caso, es evidente que, al referirse al "comienzo", Arendt busca poner en cuestión la categoría de "creación". "La propia capacidad de comenzar", sostiene Arendt en *The Life of the Mind*, "está enraizada en la natalidad y, de ningún modo, en la creatividad"[9]. La creación,

---

6 Arendt, H. (2002), p. 7

7 Arendt, H. (1979), pp. 313-314.

8 Arendt, H. (2006b); Arendt, H. (1993b); Arendt, H. (1976); Arendt, H. (2005), pp. 328-360; Arendt, H. (1998); Arendt, H. (2006a); Arendt, H. (1993a); Arendt, H. (1978).

9 Arendt, H. (1978), p. 217; (2002), p. 450.

de acuerdo a Arendt, implica la reducción de lo múltiple a un principio único y directivo. Arendt clarifica su posición retornando a la distinción agustiniana entre *Initium* y *Principium*: si el primer término designa el comienzo que es un ser humano, el segundo refiere al comienzo del mundo. En cuanto a la distinción como tal, Arendt sostiene, contraintuitivamente, que *Principium* tiene un significado sin dudas menos radical que *Initium*, puesto que nadie existió antes de que lo hiciera el ser humano[10].

En un libro sugestivo, *L'origine della politica*, Roberto Esposito retorna a la mencionada maniobra arendtiana y muestra algunas ambivalencias en su parecer sobre el "comienzo". Esposito cifra buena parte de su interpretación en el análisis de un pasaje de la versión alemana de *The Human Condition*, escrita, como resulta conocido, por la propia Arendt. Tal fragmento, que no aparece en su totalidad en la versión inglesa original, entonces, merece ser citado:

> Este comienzo [*Anfang*] que es el ser humano, en cuanto que es Alguien, no coincide en absoluto con la creación del mundo; lo que había antes del ser humano no es Nada, sino Nadie; su creación no es el inicio [*Beginn*] de algo que, una vez creado, está ahí en su esencia, se desarrolla, dura o incluso pasa, sino el comenzar de un ser que está en sí mismo en posesión de la capacidad de comenzar; es el comienzo del comienzo o del comenzar mismo. Con la creación del ser humano, apareció el principio del comienzo [*Prinzip des Anfangs*] —que en la creación del mundo aún permanecía, en cierto modo, en manos de Dios y, por tanto, fuera del mundo— en el mundo mismo y permanecerá de manera inmanente en él mientras haya seres humanos; lo cual, por supuesto, no significa en última instancia otra cosa que la creación del ser humano en tanto alguien coincide con la creación de la libertad[11].

Esposito se refiere a esta cita para respaldar su asunción de que los conceptos relacionados a "origen"—es decir, *Beginn*, *Anfang*, y *Prinzip*— se encuentran cercanos el uno al otro a pesar de estar contrapuestos. Poniendo atención en tal discrepancia, Esposito pregunta: "Si el *Anfang* [...] no corresponde al *Beginn*, ¿podrá tener alguna vez en sí mismo un *Prinzip* capaz de conferirle continuación y duración?

10 San Agustín, *De civitate Dei*, xi, 32, pp. 506-507.
11 Arendt, H. (1994), p. 166.

Pero, por otra parte, ¿puede la acción humana —y en particular política— resistir en el tiempo sin un absoluto capaz de estabilizarla y dirigirla?"[12].

La aporía que Esposito busca mostrar está fundada en lo que sindica como dos lecturas distintas e incluso contradictorias de Arendt acerca del "origen": la primera es deconstructiva y la segunda, constitutiva. La interpretación deconstructiva sostiene que el "origen" se encuentra en un estado esencial de dispersión, agitación y heterogeneidad. En este caso, Esposito retorna a la crítica arendtiana del nexo causa-efecto y la estructura rectilínea del tiempo y a su impugnación tanto de la filosofía de la historia como del modelo teleológico universalista que conciben el "origen" desde el punto de vista de su finalidad. Junto a tal lectura deconstructiva, sin embargo, emerge otra interpretación del "origen" que Esposito denomina "salvífica". En términos constitutivos, esta segunda versión del *Anfang* implica un movimiento de continua auto-generación dado que, de acuerdo a Esposito, el origen nunca termina de originarse. De hecho, es la propia fuente del comenzar. Llamativamente, en todo caso, habiendo tematizado los vectores deconstructivo y salvífico de la interpretación arendtiana del "origen", Esposito afirma que la última y más conspicua referencia para Arendt es la filosofía heideggeriana, al punto de que ella explica la discrepancia registrada en el fragmento de la versión alemana de *The Human Condition* que he mencionado previamente.

Me permito citar entonces el pasaje de Heidegger que Esposito tiene en mente para mostrar la razón de mi desacuerdo con su interpretación e iniciar el camino de una comprensión alternativa del "comienzo" en Arendt. En la *Einleitung* de su primer curso sobre Hölderlin, Heidegger plantea que:

> Inicio [*Beginn*] es aquello con lo que algo empieza; comienzo [*Anfang*], aquello desde lo cual algo se origina [...]. El inicio queda inmediatamente dejado atrás, desaparece en el curso del acontecer. En cambio, el comienzo, el origen, aparece primeramente en el acontecer y sólo está plenamente presente recién al final del mismo. Quien empieza muchas cosas a menudo no llega al comienzo. Por supuesto, nosotros los seres humanos nunca podemos comenzar [*anfangen*] con el comienzo —sólo un Dios puede hacerlo—, sino que debemos iniciar

---

12 Esposito, R. (1996), p. 31.

> [*beginnen*], es decir, empezar con algo que primero guíe hacia el origen o lo indique[13].

Incluso aceptando la amplificación de la retórica del "origen" que desarrolla Esposito, es difícil aceptar que Arendt sea considerada una pensadora del mismo. Pero resulta incluso más llamativo que, luego de haber desarrollado un análisis por demás sofisticado, Esposito simplemente pase por alto la distinción que Heidegger realiza entre seres humanos y Dios, así como su aseveración de que los seres humanos no son quienes pueden comenzar[14].

Toda lectora, todo lector asiduo de la obra de Arendt sabe que, en aras de aprehender aquello que está en juego en la noción de "comienzo", la autora despliega una profunda confrontación con la tradición filosófica. En el pensamiento de Heidegger, particularmente, Arendt encontró tanto las bases para impugnar las rémoras de tal tradición como la expresión más acabada de una *hybris* intelectual carente de toda sensibilidad para lidiar con la vida en común. En el centro de la escena, aparece la incapacidad del autor de *Ser y Tiempo* y, *mutatis mutandis*, de la filosofía, para interrogar con rigor cuál es el estatuto de la pluralidad humana. Heidegger, a los ojos de Arendt, es el último romántico alemán, por completo irresponsable en términos políticos. La expresión más acabada de este "olvido de la política" es que el pensamiento de Heidegger se concentra en la pregunta por el sí-mismo. "Este ideal del sí-mismo prosigue como una consecuencia de que Heidegger haya tomado al hombre [*man*] como aquello que Dios fue en la ontología temprana", sostiene Arendt. Y agrega que "un ser de este orden supremo sólo es concebible como individual y único, como uno que no conoce iguales"[15].

---

13 Heidegger, M. (1999), pp. 3-4.

14 En este caso, el diferendo arendtiano es evidente. Al final de *The Origins of Totalitarianism*, Arendt plantea que "el comienzo [...] es la capacidad suprema del hombre [*man*]". Arendt, H. (1966), p. 479. Al comienzo de *The Human Condition*, a la vez, asevera que "la acción", sinónimo del "comienzo", es "prerrogativa exclusiva del hombre [*man*]; ni una bestia ni un dios son capaces de ella". Arendt, H. (1998), pp. 22-23. Por último, en "Understanding and Politics", Arendt caracteriza al ser humano como "un ser cuya esencia es el comienzo" Arendt, H. (2005), p. 321.

15 Arendt, H. (2005c), p. 180.

Llamativamente, más tarde Arendt apreciará que en la ontología mentada por Heidegger ni un espíritu trascendente ni un "absoluto" son revelados. Es más, frente a una de las expresiones más evidentes del "problema filosófico-político" —aquella que indica que la filosofía lidió usualmente con el ser humano en singular, mientras que el territorio de la política es el de los seres humanos en su existencia plural—, Heidegger, sugiere Arendt, otorga un modo posible de resolución a través de su noción de "mundo" [*Welt*]. Y agrega que en la medida en que Heidegger "define la existencia humana como ser-en-el-mundo, insiste en otorgarle importancia filosófica a estructuras de la vida cotidiana que son completamente incomprensibles si el hombre no fuera entendido principalmente como ser junto con otros"[16].

A pesar de la variación en su juicio respecto de Heidegger, la visión de Arendt sobre el "comienzo" difiere sustancialmente respecto de la del filósofo. Si en la letra heideggeriana la ponderación de un comienzo extraordinario y de la gran misión de un "nosotros" se encuentran ligadas inextricablemente a una experiencia fundamental [*Grunderfahrung*] que se expresa en las figuras del "peligro" [*Gefahr*], la "auto-afirmación" [*Selbstbehauptung*] y el "destino" [*Schicksal*][17], la empresa teórica arendtiana se concentra en el "comienzo" en tanto acción común. Puesto de otro modo, ajeno al despliegue de una escena excepcionalista que busca rehuir de la declinación de Occidente, el imperio de las masas y las fuerzas de la disolución y para ello exacerba la fusión íntima entre "ontología" y "política", entre el *Dasein* y el pueblo alemán, el "comienzo político", tal como lo tematiza Arendt, no puede ya inscribirse en una comprensión de la "historia como drama del Ser".

Aun así, consciente de la radicalidad de su viejo maestro al tratar el *Anfang*[18], Arendt impondrá un dictum que no puede ser obviado: "contra la filosofía sólo ayuda la filosofía" [*Gegen Philosophie hilft nur Philosophie*][19]. Interrogar la cuestión de la politicidad del "comienzo" sin desoír la confrontación de Arendt respecto de Heidegger,

---

16 Arendt, H. (2005b), p. 443.

17 Heidegger, M. (2014a), pp. 160-162, (2014b), p. 99. Ver, también: Heidegger, M, (2009a), pp. 53-88; Heidegger, M. (2011), pp. 55-184, 549-655.

18 Heidegger, M. (1987), (1994), (2005), (2009b), (2012), (2013).

19 Arendt, H. en Nordmann (2013), p. 86.

pues, supone escrutar la pulsión excepcionalista inherente en el acto de comenzar. Teniendo en mente el "problema filosófico-político", entonces, Arendt retorna al pensamiento heideggeriano buscando ir más allá de él, en la medida en que la politicidad del "comienzo" yace en su carácter plural, es decir, en la medida en que se comienza "no por la fuerza de un arquitecto sino por el poder combinado de los muchos"[20].

2. LA ACCIÓN POLÍTICA Y EL "PRINCIPIO DEL COMIENZO"

En una carta que le hace llegar precisamente a Heidegger en 1954, Arendt hace una declaración sin dudas relevante en torno del "comienzo". Es en una confrontación con Marx que desarrollará un análisis de las actividades propias de la *vita activa*, a saber, labor, trabajo y acción. En última instancia, Arendt condena que la acción sea interpretada bajo un contexto de medios-fines [*Mittel-Zweck-Zusammenhang*][21]. La autora refiere, por supuesto, al proyecto sobre

---

20 Arendt, H. (2006a), p. 214. Me permito reenviar a Vega, F. (2020), (2021).

21 En la mencionada carta, Arendt le sugiere a Heidegger: "Me preguntas en qué trabajo. Desde hace cerca de tres años intento aproximarme a tres cosas relacionadas entre sí de diversos modos. 1) Partiendo de Montesquieu, un análisis de las formas de gobierno con la intención de descubrir dónde se introdujo el concepto del dominio en lo político («en toda comunidad existen dominadores y dominados») y cómo el ámbito político se constituye de manera diferente en cada caso. 2) Partiendo quizá de Marx, de un lado, y de Hobbes, de otro, un análisis de actividades fundamentalmente diferentes que, vistas desde la *Vita contemplativa*, se supieron meter todas en la misma bolsa de la *Vita activa*: o sea, laborar – trabajar – actuar, donde laborar–actuar se comprendieron bajo el modelo del producir: el laborar se hizo «productivo» y el actuar se interpretó dentro de la relación medio-fin. (No podría hacer esto, si es que puedo, sin aquello que aprendí contigo en mi juventud) [(*Dies könnte ich nicht, wenn ich es kann, ohne das, was ich in der Jugend bei Dir gelernt habe*)]. Y 3) partiendo de la alegoría de la caverna (y de tu interpretación), una descripción de la relación tradicional entre filosofía y política, de hecho la posición de Platón y Aristóteles respecto a la polis como base de toda teoría política. (Lo decisivo es, a mi entender, que Platón convierte el *agathón* [ἀγαθόν] en idea suprema —y no el *kalón* [καλόν]; creo que por motivos «políticos»)". Ver Arendt en Arendt H. y Heidegger M. (1998), pp. 145-146.

Marx que busca desarrollar desde 1952 y en el que se torna patente la repetición de la fórmula sobre el "hilo roto de la tradición" [*the broken thread of tradition*][22]. Su ajuste de cuentas con la tradición —desde Platón y Aristóteles para arribar a las posiciones del propio Marx y de Heidegger— sugiere que mediante la noción de "comienzo" Arendt busca descubrir modos de tematizar el fundamento político sin recaer en un principio establecido allende los asuntos humanos. Esta tarea es imperativa puesto que la ruptura del hilo de la tradición implica, sostendrá Arendt, que "el comienzo ya no está aquí con nosotros [*the beginning is no longer with us*] [y] nuestros conceptos tradicionales no caben en nuestras experiencias actuales"[23].

El proyecto inicial mentado por Arendt durante esta época e intitulado "Totalitarian Elements of Marxism", sin embargo, nunca fue formalmente concluido. En su lugar, la confrontación con el pensamiento de Marx, evidenciada en tres obras salientes del repertorio arendtiano[24], supone una amplia y variada elucidación acerca de qué significa el "comienzo político". Es en este período, de hecho, que, como oportunamente lo notara Margaret Canovan, Arendt se convierte, preminentemente, en "la teórica de los comienzos" [*the theorist of beginnings*][25]. La elección del plural tiene un significado preciso. En *The Human Condition*, por ejemplo, Arendt referirá a las nociones de "milagro" y "natalidad" y, en tono agustiniano, sostendrá que "con la creación del hombre, el principio del comienzo [*the principle of beginning*] ingresó al mundo como tal, lo cual, por supuesto, no es sino otro modo de decir que el principio de la libertad fue creado precisamente cuando el ser humano fue creado y no antes"[26]. En

22 Arendt, H. (2018).

23 Arendt, H. (2018), p. 419. Si bien algunas/os traductoras/es vierten "beginning" con los términos "inicio" u "origen", la elección de "comienzo" es deliberada y busca librar la interpretación de posibles retornos unívocos a toda "fábula del origen".

24 De acuerdo a Elisabeth Young-Bruehl, "en el espacio de cuatro años, desde 1958 hasta 1962, Hannah Arendt publicó tres obras, *The Human Condition*, *Between Past and Future*, y *On Revolution*, todas las cuales habían surgido de su libro sobre el marxismo". Ver Young-Bruehl, E. (1982), p. 279. Ver también Arendt, H. (2018).

25 Canovan, en Arendt, H. (1998), p. vii.

26 Arendt, H. (1998), p. 177.

Between Past and Future, alternativamente, Arendt se referirá a que la tradición ha perdido "su ἀρχή, su comienzo y principio" [*its* ἀρχή, *its beginning and principle*][27]. Por último, en *On Revolution*, con afán montesquievino, Arendt sostendrá que "lo que salva al acto del comienzo [*the act of beginning*] de su propia arbitrariedad es que porta consigo su propio principio [*its own principle*]"[28]. Si bien existen naturalmente vasos comunicantes entre las anteriores aseveraciones, la teorización arendtiana sobre el "comienzo" no debería ser concebida necesariamente como una pieza arquitectónica armónica sino, estimo, como un polígono desalineado. Un polígono en el que dos caras aparecen de modo más prominente, aunque ya no refieren a un presumible "origen" sino, antes bien, al "principio del comienzo" como tal: por un lado, una cara que enfatiza el principio de acción intrínseco en el régimen político; por el otro, una faz alternativa que subraya la emergencia de la acción como inauguración[29]. El énfasis en los momentos de lo instituido y lo instituyente, conviene aclarar, no busca conjurar la atracción y repulsión que estas dos tendencias ejercen en el "principio del comienzo" invocado por Arendt.

Con anterioridad y en un contrapunto con la interpretación de Esposito, introduje una primera tesis de mi intervención, a saber, que la reflexión arendtiana sobre el "comienzo" presupone un reconocimiento del "problema filosófico-político". En este sentido, los "nuevos comienzos" arendtianos están siempre animados por el actuar en concierto con otras y otros. Me gustaría agregar una segunda afirmación o tesis. La tematización arendtiana sobre el comenzar es, principalmente, un modo de reconocer el "principio del comienzo". El fragmento de *On Revolution* que acabo de citar es ilustrativo al respecto y, por tal razón, debo reponerlo en su totalidad:

> lo que salva al acto del comienzo [*the act of beginning*] de su propia arbitrariedad es que porta consigo su propio principio [*its own principle*] o, para ser más precisos, que comienzo y principio, *principium* y principio, no sólo son términos relacionados, sino que resultan coetáneos. El absoluto del que va a derivar su validez el comienzo y que debe salvarlo, por así decirlo, de su inherente arbitrariedad, es el prin-

---

27 Arendt, H. (1993a), p. 30.

28 Arendt, H. (2006a), p. 212.

29 Hilb, C. (2015).

> cipio que, junto a él, hace su aparición en el mundo. La forma en la que el que comienza [*beginner*] empieza cuanto intenta hacer, sienta las reglas de la acción para aquellos que se le unen con el objeto de participar en la empresa y llevarla a término. En cuanto tal, el principio inspira los hechos que le siguen y continúa siendo visible durante todo el tiempo que perdure la acción. No es sólo nuestro idioma el que sigue haciendo derivar 'principio' del vocablo latino *principium* y apunta, por tanto, a esta solución para el problema, irresoluble de otra forma, de un absoluto en la esfera de los asuntos humanos que es por definición relativa; en griego, sorprendentemente ocurre lo mismo. La palabra griega para comienzo es ἀρχή, y ἀρχή significa a la vez comienzo y principio[30].

Si bien no puedo adentrarme de modo exhaustivo en las implicaciones del pasaje citado, me gustaría señalar que, a través de él, es evidente que el "principio del comienzo" arendtiano busca combinar un "poder originario" [*originary power*], un "poder rector" [*guiding power*] y un "poder organizativo" [*organizing power*][31]. Las promesas o contratos mutuos unen a los actores en una tarea conjunta. Arendt parece sugerir que el compromiso de los mismos respecto del principio podría salvar el acto del comienzo de su arbitrariedad incluso después de sucedidos los hechos. Lo central es que los agentes no permanecen aislados al adoptar el principio: al enlazar tal principio a la facultad humana de hacer promesas, al tornar el acto de comenzar extensible y abrirlo a otras y otros, al poner atención al rol de los recién llegados [*newcomers*], en suma, aquellas y aquellos que comienzan pueden mantener a raya el riesgo de la arbitrariedad[32]. El carácter que Arendt le imprime al "principio del comienzo" no puede sino resonar en su modo de comprender qué es la política. Al comentar sobre el estatuto del "absoluto" en un texto sobre Hermann Broch —un autor al que Arendt se sentía muy cercana—, define el espacio político como "la conglomeración inherentemente anárquica [*in sich selbst anarchische*

---

30 Arendt, H. (2006a), p. 293.

31 Muldoon, R. (2016).

32 Totschnig, W. (2019). Tal como Arendt señala en "The Concept of History", "a través de [el hecho de la natalidad] el mundo humano se ve constantemente invadido por extraños [*strangers*], recién llegados [*newcomers*] cuyas acciones y reacciones no pueden ser predichas por aquellos que ya están allí" Arendt, H. (2006a), p. 61.

Zusammengeworfenheit] de los seres humanos en las condiciones de vida terrenal"[33]. Con tal aseveración en mente, deseo plantear la última tesis en torno de los "comienzos políticos" arendtianos vis-à-vis la ausencia de Dios que me gustaría considerar en este texto.

3. REVERBERACIONES DEL COMIENZO Y EL PRINCIPIO DE AN-ARQUÍA

Como corolario de su tematización de las actividades inherentes a la *Vita activa* y, particularmente, de la acción, entonces, Arendt retorna a la pregunta sobre el "comienzo" buscando mostrar que el mismo pende de su auto-institución. Esta constatación, entiendo, implica que el "comienzo político", tal como lo percibe Arendt, expresa uno de los puntos más altos de su examen acerca de la tensión irreductible entre "filosofía" y "política". Escrutar la ausencia de "absolutos" —lo cual implica también un examen pormenorizado de la intervención filosófica en el territorio político—, puede resultar, entonces, una invitación a considerar la pluralización an-árquica que atraviesa todo acto de institución política.

En un sofisticado ensayo sobre Arendt y la noción de *archē* que se expide sobre los temas mencionados, Patchen Markell sostiene que una "impugnación de la 'norma', 'ley' o 'gobierno' ['*rule*'] hizo que algunos lectores identificaran a Arendt, de manera aprobatoria, con la tradición anarquista de pensamiento político que concibe la libertad como intrínsecamente opuesta a la convención o la forma [*form*]"[34]. La preocupación de Markell es que la crítica de Arendt al concepto de "mando" y su idiosincrática recuperación del "comienzo" sean entendidas como una celebración de fenómenos que son considerados generalmente en oposición a todo gobierno: entre otros, el desorden, la inestabilidad o las interrupciones a la regularidad política. Pero

33 Arendt, H. (1989), pp. 178-179. El contrapunto con Heidegger es en este caso evidente. Él sugiere que: "La democracia es anarquía; pues ella carece de la ἀρχή en el ser de la dominación de lo inicial [*des Anfänglichen*], que abre vastedades aprehensibles y conduce a ellas". Ver Heidegger, M. (2015), p. 461. Ver, adicionalmente Heidegger, M. (1976), p. 247.

34 Markell, P. (2006), p. 3.

cabe aclarar que el carácter an-árquico de la empresa arendtiana al que me estoy refiriendo de ningún modo supone un menosprecio de los principios políticos. Lo que indica —y las apreciaciones de Arendt son valiosas al respecto—, es la necesidad de considerar con cuidado dimensiones políticas que el dogma del "gobierno" en tanto "mando" hace ver como intrínsecamente conectadas. Puesto de otro modo, la an-arquía arendtiana no equivale a la supresión sino a una consideración más parsimoniosa de la *archē*.

Apelando a motivos que no son meramente terminológicos, Arendt estima que el griego y el latín poseen dos vocablos para designar el verbo "actuar" [*to act*]. *Archein* refiere a "comenzar" [*to begin*], "conducir" [*to lead*] y "gobernar" [*to rule*], mientras que *prattein* refiere a "atravesar" [*to pass through*], "realizar" [*to achieve*] y "finalizar" [*to finish*]. Por otra parte, *agere* significa "poner en movimiento" [*to set into motion*] y "guiar" [*to lead*], mientras que *gerere* equivale a "llevar" [*to bear*]. Resulta conocido que en *The Human Condition* Arendt afirma que la tradición terminó comprendiendo el primer par de términos, *archein y agere*, como equivalentes exclusivos de "gobernar" y "conducir" y el segundo, *prattein* y *gerere*, de "realizar". Políticamente, esta mutación implicó que aquel o aquella que comienza se haya convertido en un dirigente único y sus dirigidos en meros ejecutores de órdenes[35]. Es tal olvido de una *archē* agitada, tensionada, el que el "principio del comienzo" an-árquico busca interrumpir.

Uno de los autores que percibió con sutileza esta posibilidad ofrecida por el pensamiento de Arendt sobre los "principios" y "comienzos" fue Reiner Schürmann. A su criterio, lo an-árquico tiene un sentido específico. Si la *archē* de un "principio" podría implicar la fusión de "su comienzo [*commencement*] y su mandato [*commandement*]"[36], lo an-árquico contrarresta toda referencia *principial* última en la medida en que se revela como una "fuerza de dislocación, de plurificación [*plurification*]" de toda *archē*[37]. Siguiendo a Schürmann, el pensamiento de Arendt resulta un recurso notable para comprender que el "principio an-árquico" inherente al "comienzo" existe, en mayor

35 Arendt, H. (1998), pp. 177-178.

36 Schürmann, R. (1982), p. 42.

37 Schürmann, R. (1993), p. 199; 1982, p. 16.

medida, en confrontación con la procedencia del Uno en tanto fusión de origen y mando. En términos políticos, esto implica que "el poder, bajo la condición de la pluralidad humana, no puede de ningún modo equivaler a la omnipotencia y las leyes que residen en el poder humano nunca pueden ser absolutas"[38].

Schürmann corrige malentendidos típicos en torno de la asociación de lo an-árquico con un presumible caos o la mera dispersión política. Pero, aun así, me gustaría concluir este escrito señalando dos desacuerdos con su interpretación del pensamiento de Arendt en tanto promesa an-árquica. En primer lugar, Schürmann considera que la "natalidad" es la categoría central del pensamiento de Arendt y que su referencia al *homo politicus* en tanto *homo natalis* proviene de la influencia de Heidegger. Su aseveración de que el parecer de Arendt respecto de la "natalidad" está motivado por la mención al pasar de la noción de "*Sein zum Anfang*" [ser-para-el-comienzo] y del término "*gebürtig*" [nativamente] en el § 72 de *Ser y Tiempo* parece excesiva[39]. En segundo lugar, y en este contexto algo más relevante, Schürmann sugiere que "el principio del comienzo" [*le principe du commencement*] es equivalente a la "natalidad"[40]. Pero esta es obviamente una comprensión restrictiva del "comienzo" arendtiano, máxime cuando el propio Schürmann estima que la noción de "natalidad" podría ser subjetivista e implicar un "rasgo árquico" [*trait archique*][41]. Paradójicamente, entonces, la interpretación que Schürmann hace de la "natalidad" subsume los "nuevos comienzos" [*nouveaux commencements*] a la lógica de los "mandos soberanos" [*souverains commandements*][42]. Esta variación heroica del comenzar arendtiano tiene límites estrictos. Allende el binarismo que opone momentos extraordinarios y ordinarios, la "política del comienzo" alentada por Arendt implica "un compromiso con el carácter inaugural, incluso rupturista o revolucionario de los poderes políticos inherentes

38 Arendt, H. (2006a), p. 39.

39 Heidegger, M. (1993), pp. 373, 374; Schürmann, R. (1996), pp. 29, 67-68, 770, 776. Ver, también: Vatter, M. (2006), 139, Birmingham (2006; 2007).

40 Schürmann, R. (1996), pp. 67, 441.

41 Schürmann, R. (1996), pp. 770, 776.

42 Schürmann, R. (1996), p. 776.

en la práctica política cotidiana"[43]. Animados por la proliferación de acciones en concierto, entonces, los "comienzos políticos" no resultan necesariamente expresiones de situaciones inusuales que deben ser rememoradas sino, a la vez, acontecimientos comunes y sobrevidas democratizadas de la fundación política.

Arendt, por fin, impugna narrativas excepcionalistas que constriñen la "multiplicidad de los comienzos". Así, la figura del gran fundador como catalizador de "lo político" le da paso a la irrupción de un actuar democrático al que le corresponden "glorias ordinarias"[44]. Es por ello que Arendt aprecia el rol de los "héroes sin nombre" [*namenlose Helden*], del "ser humano común" [*gewöhnlicher Mensch*], del "quienquiera y cualquiera" [*irgendwer und jedermann*], que es "gobernado por sus reglas y no por fuerzas misteriosas que emanan desde arriba o desde abajo"[45]. En suma, los "comienzos políticos" arendtianos, animados por el "poder combinado de las muchas y los muchos", así como su examen de los avatares de la *ἀρχή* dentro de la tradición, resultan recursos valiosos para cuestionar el mito excepcionalista del liderazgo personal y el poder de los grandes hombres como centro de la política contemporánea.

Al comienzo de este trabajo, mencioné cómo, de acuerdo a Arendt, nuestra dulce condena es que no existen "principios últimos" para vivir en común. Que Arendt haya afirmado que, a nivel personal, se abrió camino en la vida con una infantil confianza en Dios [*Gottesvertrauen*], no parece haberle dado sosiego político. "No hay mucho que se pueda hacer con eso", agregó Arendt, "excepto ser feliz". En definitiva, a su criterio, ni el judaísmo ni el cristianismo en tanto religiones tradicionales pueden proveer un fundamento político para vivir en común[46]. En una mueca kafkiana, sin embargo, la ausencia de Dios como polo unificador, así como de todo "principio último"

---

43 Honig, B. (2009), p. xviii.

44 Arendt es categórica al sostener que "lo común y ordinario debe seguir siendo nuestra preocupación principal, el alimento diario de nuestro pensamiento, aunque sólo sea porque de ello surge lo poco común y extraordinario". Ver Arendt, H. (1960), p. 2.

45 Arendt, H. (1945/1946), pp. 1058, 1062; (1976), pp. 108, 115. Ver, a la vez Tassin, É. (2013), pp. 23–36; Markell, P. (2017), pp. 77–99.

46 Ver Arendt en Arendt H. y Jaspers, K. (1985), p. 201-202.

resulta, como busqué dar cuenta a lo largo de mi artículo, un motivo de expectación. Retornar al "problema filosófico-político", alterar los atavismos de la tradición, supone asumir que, arendtianamente, la promesa de la política depende de que los comienzos, plurales y variopintos, proliferen. Quizás necesitemos entonces, una vez más, comenzar.

BIBLIOGRAFÍA

Augustinus. (1993): *De Civitate Dei Libri XXII, vol. I: Libri I-XIII, Duae Epistulae ad Firmum (Bibliotheca scriptorum Graecorum et Romanorum Teubneriana)*, Dombart B. (ed.) et al., Stuttgart: K. J. Saur.

Arendt, H. (1945/1946): "Franz Kafka, von neuem gewürdigt", *Die Wandlung* 12-1, pp. 1050–1062.

—— (1960): "Action and the Pursuit of Happiness", Paper delivered at the Meeting of the American Political Science Association, The Hannah Arendt Papers at the Library of Congress, MSS Box 61, pp. 1-21.

—— (1976): *The Origins of Totalitarianism. New Edition with Added Prefaces*, New York: Harcourt Brace & Company.

—— (1978): *The Life of the Mind. Vol. 1, Thinking*, McCarthy M. (ed.), New York: Harcourt Brace Jovanovich.

—— (1978): *The Life of the Mind. Vol. 2. Willing*, McCarthy M. (ed.), New York: Harcourt Brace Jovanovich.

—— (1979): "On Hannah Arendt", en Melvyn Hill (ed.), *Hannah Arendt: The Recovery of the Public World*, New York: St. Martin's Press, pp. 301-339.

—— (1988), "Martin Heidegger ist achtzig Jahre alt", en Neske G. y Kettering E. (eds.), *Antwort. Martin Heidegger im Gespräch*, Tübingen: Neske, pp. 232-246.

—— (1989): *Menschen in finsteren Zeiten*, München: Piper Verlag.

—— (1993a): *Between Past and Future: Eight Exercises in Political Thought*, New York: Penguin Books.

—— (1993b), *Was ist Politik? Fragmente aus dem Nachlaß*, LUDZ U. y SONTHEIMER K. (eds.), München: Piper Verlag.

—— (1994): *Vita activa oder Vom tätigen Leben*, München: Piper Verlag.

—— (1998): *The Human Condition*, Chicago: Chicago University Press.

—— (2002): *Denktagebuch. 1950 bis 1973*, BAND E, LUDZ U. e NORDMANN I. (eds.), München: Piper Verlag.

—— (2005a): "Concern with Politics in Recent European Philosophical Thought", en KOHN J. (ed.), *Essays in Understanding. 1930-1974. Formation, Exile, and Totalitarianism*, New York: Schocken Books, pp. 428-447.

—— (2005b): "Understanding and Politics", en JEROME KOHN (ed.), *Essays in Understanding. 1930-1974. Formation, Exile, and Totalitarianism*, New York: Schocken Books, pp. 307-327.

—— (2005c): "What is Existenz Philosophy?", en KOHN J. (ed.), *Essays in Understanding. 1930-1974. Formation, Exile, and Totalitarianism*, New York: Schocken Books, pp. 163-187.

—— (2006a): *On Revolution*, London: Penguin Books.

—— (2006b): *Der Liebesbegriff bei Augustin. Versuch einer philosophischen Interpretation*, Hildesheim: Georg Olms Verlag.

—— (2018): *The Modern Challenge to Tradition: Fragmente eines Buchs*, HAHN B. y MCFARLAND J. (eds.), Göttingen: Wallstein Verlag.

ARENDT, H. and JASPERS K. (1985): *Hannah Arendt-Karl Jaspers Briefwechsel. 1926-1969*, Köhler L. y SANER H. (eds.), München: Piper Verlag.

ARENDT, H. Y HEIDEGGER M. (1998): *Hannah Arendt / Martin Heidegger. Briefe 1925 bis 1975 und andere Zeugnisse*, Frankfurt am Main: Vittorio Klostermann.

BIRMINGHAM, P. (2006): *Hannah Arendt and Human Rights: The Predicament of Common Responsibility*, Bloomington: Indiana University Press.

—— (2007): "The An-Archic Event of Natality and the 'Right to Have Rights'", *Social Research* 74-3, pp. 763-776.

Esposito, R. (1996): *L'Origine della politica: Hannah Arendt o Simone Weil?*, Roma: Donzelli editore.

Heidegger, M. (1976): "Wegmarken", en von Herrmann F.-W. (ed.), *Gesamtausgabe*, Band 9, Frankfurt am Main: Vittorio Klostermann, pp. 203-238.

Heidegger, M. (1987): "Heraklit. Der Anfang des abendländischen Denkens. Logik. Heraklits Lehre vom Logos", en Frings M. (ed.), *Gesamtausgabe*, Band 55, Frankfurt am Main: Vittorio Klostermann.

—— (1993): *Sein und Zeit*, Tübingen: Max Niemeyer Verlag.

—— (1994): "Beiträge zur Philosophie (Vom Ereignis)", en von Herrmann F.-W. (ed.), *Gesamtausgabe*, Band 65, Frankfurt am Main: Vittorio Klostermann.

—— (1999): "Hölderlins Hymnen *Germanien* und *Der Rhein*", Ziegler S. (ed.), Frankfurt am Main: Vittorio Klostermann.

—— (2005): "Über den Anfang", en Coriando P.-L. (ed.), *Gesamtausgabe*, Band 70, Frankfurt am Main: Vittorio Klostermann.

—— (2009a): "Über Wesen und Begriff von Natur, Geschichte und Staat. Übung aus dem Wintersemester *1933/34*", en Denker A. y Zaborowski H. (eds.), *Heidegger und der Nationalsozialismus. Dokumente*, Freiburg/München: Karl Alber, pp. 53-88.

—— (2009b): "Das Ereignis", en von Herrmann F.-W. (ed.), *Gesamtausgabe*, Band 71, Frankfurt am Main: Vittorio Klostermann.

—— (2011): "Seminare. Hegel-Schelling", en Trawny P. (ed.), *Gesamtausgabe*, Band 86, Frankfurt am Main: Vittorio Klostermann.

—— (2012): "Der Anfang der abendländischen Philosophie. Auslegung des Anaximander und Parmenides", en *Trawny P.* (ed.), *Gesamtausgabe*, Band 35, Frankfurt am Main: Vittorio Klostermann.

—— (2013): "Zum Ereignis-Denken", Trawny P. (ed.), *Gesamtausgabe*, Band 73.1, Band 73.2, Frankfurt am Main: Vittorio Klostermann.

—— (2014a): "Überlegungen II-IV (Schwarze Hefte 1931–1938)", en Trawny P. (ed.), *Gesamtausgabe*, Band 94, Frankfurt am Main: Vittorio Klostermann.

—— (2014b): "Überlegungen VII-XI (Schwarze Hefte 1938/1939)", en PETER TRAWNY (ed.), *Gesamtausgabe*, Band 95, Frankfurt am Main: Vittorio Klostermann.

—— (2015): "Anmerkungen I-V (Schwarze Hefte 1942-1948)", en TRAWNY P. (ed.), *Gesamtausgabe*, Band 97, Frankfurt am Main: Vittorio Klostermann.

HILB, C. (2015): "El principio del *initium*", en ESTRADA SAAVEDRA M. y MUÑOZ M. T. (eds.), *Revolución y violencia en la filosofía de Hannah Arendt*, México D.F.: El Colegio de México, pp. 67-102.

HONIG, H. (2009): *Emergency Politics. Paradox, Law, Democracy*, Princeton: Princeton University Press.

BROD M. (1954): *Franz Kafka, eine Biographie*, Frankfurt am Main: Fischer.

—— (2017): "Anonymous Glory", *European Journal of Political Theory* 16-1, pp. 77-99.

MULDOON, J. (2016): "Arendtian Principles", *Political Studies* 64, pp. 121–35.

NORDMANN, I. (ed.) (2013): *Wahrheit gibt es nur zu zweien. Briefe an die Freunde*, München: Piper Verlag.

PATCHEN, M. (2006): "The Rule of the People: Arendt, Archê, and Democracy", *The American Political Science Review* 100-1, pp. 1-14.

SCHÜRMANN, R. (1982): *Le principe d'anarchie. Heidegger et la question de l'agir*, París: Éditions du Seuil.

—— (1993): "Technicity, Topology, Tragedy: Heidegger on 'That Which Saves' in the Global Reach," en MELZER A. M., WEINBERGER J., y ZIMMAN, M. R., *Technology in the Western Political Tradition*, New York: Cornell University Press, pp. 190–213.

—— (1996): *Des hégémonies brisées*, Mauvezin: Éditions Trans-Europ-Repress.

TASSIN, É. (2013): "Les gloires ordinaires: Actualité du concept arendtien d'espace public", *Cahiers Sens Public* 15-16, pp. 23-36.

TOTSCHNIG, W. (2019): "Unpredictable yet Guided: Arendt on Principled Action", *Journal of the British Society for Phenomenology* 50-3, pp. 189-207.

VATTER, M. (2006): "Natality and Biopolitics in Arendt", *Revista de Ciencia Política* 26-2, pp. 137-159.

VEGA, F. (2020): "On Bad Weather: Heidegger, Arendt, and Political Beginnings", en HOLZHEY C. y WEDERMEYER A. (eds.), *Weathering: Ecologies of Exposure*, Berlin: ICI Press, pp. 227-243.

—— (2021): "Les pièges à renard: Heidegger, Arendt et l'an-archie des commencements politiques", en LEIBOVICI M. y MRÉJEN A. (eds.), *L'Herne Arendt*, Paris: Éditions de L'Herne, pp. 251-257.

YOUNG-BRUEHL, E. (1982): *For Love of the World*, New Haven: Yale University Press.

ANIMALES TEOLÓGICO-POLÍTICOS APUNTES SOBRE ANIMALIDAD Y TEOLOGÍA POLÍTICA EN EL ANTROPOCENO[1]

DIEGO ROSSELLO

Universidad Adolfo Ibáñez

INTRODUCCIÓN

Las líneas que siguen presentan apuntes sobre un vínculo posible entre la cuestión del animal y el problema teológico político. Se trata de apuntes porque ofrecen una reflexión preliminar sobre el vínculo ausente entre dos cuestiones que, estimamos, resultan ineludibles para comprender las coordenadas de nuestro tiempo. Por un lado, el campo de los estudios de animalidad abarca desde la filosofía política normativa y las humanidades críticas hasta la etología animal, y cuenta con clásicos contemporáneos como *Liberación animal* de Peter Singer y *The Case for Animal Rights* de Tom Regan[2]. Su propósito es aportar a la comprensión de la vida animal no-humana tanto en lo que concierne a derechos y ciudadanía, como a sus capacidades intelectuales, afectivas y comunicativas[3]. La teología política, por otro lado, es un campo de estudios vibrante que problematiza de manera

1 El presente trabajo tiene lugar al interior del proyecto FONDECYT Regular Nro. 1220403, "The Concept of Human Dignity in the Anthropocene: Rethinking the Place of Human Beings on Earth", de la Agencia Nacional de Investigación y Desarrollo de Chile (ANID).

2 Singer, P. (2009); Regan, T. (2004).

3 Donaldson, S. y Kymlicka, W. (2011); de Waal, F. (1997); Eva Meijer, E. (2019); Meijer, E. (2020).

sistemática el vínculo entre lo teológico y lo político desde diversas tradiciones religiosas y no religiosas, con clásicos como el *Tratado Teológico-Político* de Baruch Spinoza y *Teología Política* de Carl Schmitt, entre otros[4]. Su propósito consiste en determinar el modo en que ciertos conceptos básicos de la teología son adaptados, traspasados, desplazados y re-interpretados por las tradiciones de pensamiento jurídico-político, tanto en Occidente como más allá de él[5].

La literatura sobre teología política, aunque resulte obvio mencionarlo, hace foco en la relación entre Dios, o lo divino, y lo humano. Puesto de otro modo, la teología política tematiza la relación entre la teología y los marcos jurídico-políticos que dan forma a la convivencia entre los seres humanos. A diferencia de la teología en sí misma, entendida como ciencia de Dios, la teología política centra su análisis en cómo la revelación divina condiciona, mediante los modos en que es interpretada, comprendida y sistematizada, los marcos y formas jurídico-políticas a partir de los cuales los humanos organizan su vida en comunidad[6]. En este contexto, la cuestión del animal no es abordada de modo sistemático y tiende a ser utilizada de manera negativa, como un concepto que contribuye a delimitar y distinguir el ámbito de lo político-humano del ámbito de lo animal-natural, –y concibe a este último como sinónimo de lo no (teológico) político, o bien simplemente de lo pre-político–. El célebre *status naturalis* de Thomas Hobbes, sintetizado en la frase "el hombre es el lobo del hombre", oficia como ejemplo paradigmático de la apoliticidad de lo animal-natural, extendiendo su influjo hacia pensadores centrales de la teología política, como el propio Carl Schmitt[7].

Por otro lado, hace por lo menos una década que los estudios de animalidad atraviesan lo que se ha denominado un "giro político"[8]. Dicho giro intenta superar la preocupación exclusiva por los derechos negativos de los demás animales, típica de la literatura de los años 70's y 80's del siglo XX –como el derecho a una vida libre de crueldad y

---

4 Spinoza, B. (2014); Schmitt, C. (2009b); Kantorowicz, E. (2016).

5 Asad, T. (2003); Rossello, D. (2020), pp. 1-8.

6 Newman, S. (2019).

7 Sobre la cuestión del animal como límite negativo de lo teológico-político en Schmitt véase: Rossello, D. (2021b), pp. 137-155.

8 Donaldson, S. y Kymlicka, W. (2011); Garner, R. y O'Sullivan, S. (2016).

maltrato– para pasar a una indagación de la politicidad animal en un sentido más amplio. Esta indagación se orienta a una concepción de la comunidad política entendida más allá del ser humano y en la cual, por ejemplo, se otorgaría ciudadanía a los animales domésticos y soberanía a los animales salvajes sobre los territorios que ocupan[9]. Bajo el concepto abarcativo de zoopolis, esta literatura también explora cuestiones de representación política de los intereses de los animales no-humanos, así como nuevas formas de conceptualizar la comunicación con los demás animales y su posible agencia política[10]. Aunque estas preocupaciones del giro político en los estudios de animalidad intersectan con nociones claves de la teología política, tanto a nivel de la representación política como de la soberanía, resulta extraño que el "giro político" en la teoría de los derechos de los animales no haya explorado todavía aquello que de "teológico" persiste en todo aquello que entendemos como "político".

En este marco, sería esperable que ambos campos de estudio pudiesen confluir para tematizar el ingreso de los animales no-humanos y la naturaleza a los marcos jurídico-políticos contemporáneos. Al fin y al cabo, la preocupación contemporánea por la justicia ambiental y el cambio climático supone reorientar nuestros marcos filosóficos y jurídico-políticos en una dirección no antropocéntrica –y el así llamado nuevo constitucionalismo latinoamericano es un ejemplo de ello[11]. Sin embargo, los estudios de animalidad y la teología política parecen haberse desarrollado casi en paralelo, sin establecer un vínculo conceptualmente significativo entre sí. Paradójicamente, ha sido el campo de la teología pura en el cual los estudios sobre animalidad han comenzado a tener cierta relevancia. Ejemplos representativos de esta tendencia son los escritos, ya clásicos, de Andrew Linzey sobre teología animal; los volúmenes editados por Celia E. Deane-Drummond, David Clough, y Stephen D. Moore sobre teología creatural, así como los trabajos más recientes de Daryl Meyer y Catherine Keller sobre teología, animalidad y cambio climático[12].

---

9 Donaldson, S. y Kymlicka, W. (2011).

10 Donaldson, S. (2020), pp. 709-735; Rossello, D. (2022).

11 Colon-Rios, J. (2015), pp. 107-113.

12 Linzey, A. (1987); Linzey, A. (1999); Deane-Drummond, C. and Clough, D. (2009); Moore, D. and Steven eds. (2014); Daryl Meyer, E. (2018); Keller, C. (2018).

Por supuesto que existen algunos puntos de intersección entre los estudios de animalidad y la teología política, aunque siguen siendo fragmentarios y no establecen intercambios sostenidos entre sí. En su exploración del animal que, por lo tanto, somos, Jacques Derrida menciona, algo oblicuamente, la posibilidad de una "zooteopolítica negativa" e introduce, pero no desarrolla, la idea de divinanimalidad. También en su seminario sobre la bestia y el soberano, Derrida sobrevuela episodios centrales de la tradición teológico-política de la soberanía moderna, que va desde Thomas Hobbes a Carl Schmitt, aportando elementos importantes, como el hecho de que tanto Dios como los animales no humanos quedan fuera del pacto social hobbesiano[13]. Giorgio Agamben, por su parte, parece concebir la idea de *homo sacer*, en su libro homónimo, como un modo particular de animalización del ser humano que tiene lugar bajo la lógica de la soberanía moderna, pero su preocupación es principalmente el problema de la deshumanización de lo humano, sin manifestar interés por los demás animales o lo que denomina la "fera bestia"[14]. Cabe decir que la perspectiva de Agamben se transforma en *Lo abierto*, ya que en ese texto el foco sí está puesto en la vida animal no humana, pero la propuesta de Agamben de una solución mesiánica para la dominación de los demás animales contrasta con los avances a nivel constitucional, ya mencionados, en contextos latinoamericanos sobre los derechos de la naturaleza[15]. Asimismo, trabajos de pensadores latinoamericanos contemporáneos heterodoxos, como el eco-criticismo de la teóloga brasileña Ivone Gebara y la co-implicación entre teología política, biopolítica y animalidad propuesta por el filósofo argentino Fabián Ludueña Romandini a través de lo que denomina "antropotecnia", realizan avances importantes en una agenda de investigación muy próxima a la que aquí apenas esbozamos[16].

---

13 Véase Derrida, J. (2008). En este texto, Derrida introduce, pero no desarrolla, dos ideas importantes para mis propósitos: la noción de divinanimalidad (p. 132), retomada luego en el volumen colectivo editado por Moore, y la idea de zooteología (p. 6); Derrida, J. (2010).

14 Rossello, D. (2012), pp. 255-279.

15 Agamben, G. (2004).

16 Gebara, I. (2000); Ludueña Romandini, F. (2010).

1. TEOLOGÍA POLÍTICA: DEL ANTROPOCENTRISMO AL ANTROPOCENO

Partimos entonces del supuesto de que explorar el vínculo posible entre la cuestión del animal y la teología política es relevante porque ingresamos en una época nueva, el Antropoceno, en la cual el ser humano se ha convertido en una fuerza de proporciones geológicas y, como tal, ha provocado un conjunto de fenómenos que afectan al sistema de la Tierra, entre los que se encuentran el alto nivel de dióxido de carbono en la atmósfera, la acidificación de los océanos, la reducción de la biodiversidad y el cambio climático. Por ello resulta imperativo hacer ingresar la cuestión del animal, entendida en sentido amplio, a una reflexión sistemática sobre el problema de lo teológico-político, ya que bajo influjo de éste se han sedimentado distinciones conceptuales históricamente perjudiciales para los demás animales que siguen siendo vertebradoras del derecho, como la distinción entre persona y cosa[17]. Por ello, todavía el *mainstream* de la literatura sobre teología política es *decididamente* antropocéntrico y, como veremos, la cuestión misma de la decisión está implicada en, y con, ese antropocentrismo.

Como se indicó más arriba, en tiempos del Antropoceno la cuestión del antropocentrismo no es únicamente relevante para las humanidades críticas que aspiran a descentrar o deconstruir al ser humano, desde los nuevos materialismos a la propia deconstrucción, sino que adquiere una densidad extra debido a la imbricación, sin precedentes, entre la historia geológica de la Tierra y la historia del ser humano en tanto especie[18]. De este modo, el antropocentrismo no sería solamente una modulación filosófica característica de la modernidad, en contraste con el teocentrismo que le habría precedido, sino que pasaría a convertirse en la clave de bóveda del protagonismo que el *anthropos*

---

17 Esposito, R. (2015).

18 No podemos agotar aquí la polémica sobre hasta qué punto todos los seres humanos son igualmente responsables del cambio climático al que nos enfrentamos. Creemos que hay buenas razones para pensar que el Antropoceno así planteado puede invisibilizar sesgos de género, coloniales y geopolíticos que es necesario problematizar al asignar responsabilidades. Abordamos estos sesgos en otro trabajo: Rossello, D. (2021a), pp. 95-107.

ha adquirido al hacer colapsar el dualismo entre historia natural e historia humana.

En este sentido, los diagnósticos y prescripciones sobre esta deriva antropocéntrica han venido desde lugares de enunciación cuanto menos inesperados. La propia Iglesia de Roma, a través de la encíclica *Laudato Si'*, ha condenado lo que denomina un antropocentrismo desviado o despótico, que sojuzga a los animales-no humanos y a la Tierra que les da sustento. En la encíclica mencionada, de mayo de 2015, se afirma lo siguiente:

> ...el descanso del séptimo día no se propone sólo para el ser humano, sino también «para que reposen tu buey y tu asno» (*Ex* 23: 12). De este modo advertimos que la Biblia no da lugar a un antropocentrismo despótico que se desentienda de las demás criaturas[19].

En otro fragmeno se indica además que:

> En la modernidad hubo una gran desmesura antropocéntrica que, con otro ropaje, hoy sigue dañando toda referencia común y todo intento por fortalecer los lazos sociales (...) Una presentación inadecuada de la antropología cristiana pudo llegar a respaldar una concepción equivocada sobre la relación del ser humano con el mundo[20].

A pesar de estos esbozos de revisión de la antropología cristiana, y de la disposición general de la *Laudato Si'* hacia el cuidado de la casa común, la encíclica no llega a cuestionar en profundidad los presupuestos filosóficos del antropocentrismo cristiano, ni el rol que la teología política de inspiración católica ha tenido en su conformación. En este sentido, sugiero que una interrogación del antropocentrismo desde una perspectiva teológico-política no debería reducirse a un cuestionamiento del antropocentrismo científico-técnico moderno y tardo-moderno, en nombre de un teo-centrismo renovado y reformulado para un mundo ecológicamente consciente y post-secular, sino que debería interrogar los modos en que la tradición a la que, a falta de un calificativo mejor, denominaremos provisionalmente como "cristiana", sigue estando co-implicada en la construcción del

---

19 Iglesia Católica. Papa. (2015), p. 54.
20 Ibídem., p. 91.

antropocentrismo que *Laudato Si'* intenta, al mismo tiempo, corregir y re-orientar.

En este sentido, dos figuras intelectuales importantes de lo que podríamos denominar la teología política de inspiración católica en el siglo XX, Jacques Maritain y Carl Schmitt, no sólo participan del antropocentrismo que la *Laudato Si'* busca reconfigurar, sino que le dan fundamento a partir de la exclusión sistemática del ámbito de lo político no sólo de los animales no humanos en general, sino también de la animalidad del ser humano en particular. De este modo, más allá de las obvias diferencias que ambos autores mantienen entre sí, tanto la teología política de la soberanía estatal de Schmitt, como la teología política democrática de Maritain comparten, con sus matices y especificidades, dicha exclusión del animal.

En este sentido, en un paper muy provocador Alexander Wendt y Raymond Duvall sugieren que existe una afinidad metafísica entre soberanía y humanismo, y acuñan un concepto novedoso: "soberanía antropocéntrica"[21]. Para los autores, la soberanía antropocéntrica opera bajo el supuesto moderno de que solamente los seres humanos pueden gobernar: ni Dios ni la Naturaleza podrían gobernar o desafiar el gobierno del ser humano. Los autores deducen de este supuesto que la soberanía antropocéntrica tendría un punto ciego metafísico: una incapacidad estructural para concebir como pensables a las formas de vida no humanas. En su trabajo Wendt y Duvall hacen foco en la (posible) vida extraterrestre no humana o alienígena, pero su ensayo también tiene consecuencias para la conceptualización de la vida animal no-humana. Su preocupación es que debido a que no puede establecer con certeza si los OVNIS (Objetos Voladores No Identificados) son extraterrestres, la soberanía estatal se muestra incapaz de brindar seguridad frente a la amenaza OVNI y solo puede producir ignorancia al respecto –en un claro ejemplo de una epistemología de la ignorancia. En el curso de su discusión, los autores mencionan, pero no exploran completamente, la posibilidad de una excepción animal a la soberanía antropocéntrica, pero la descartan sugiriendo

---

21 Wendt, A. y Duvall, R. (2008), pp. 607-633. En lo que sigue se expanden y reformulan ideas presentadas en el siguiente trabajo: Rossello, D. (2017), pp. 439-458.

que incluso el avance de la agenda de los derechos de los animales no constituiría un desafío frontal a la soberanía antropocéntrica.

Como es sabido, la teoría de la soberanía de Schmitt está basada en una teología política decisionista según la cual la decisión soberana viene de la nada y es análoga al milagro en la teología. De acuerdo a Schmitt "es soberano quien decide sobre el estado de excepción"[22]. Pero con anterioridad a este argumento presentado en su libro *Teología política*, de 1922, Schmitt tuvo acceso a otra versión del decisionismo en la obra de un escritor al que admiraba: el poeta mísitco católico Theodor Däubler. Schmitt mostró un interés sostenido por el trabajo de Däubler a lo largo de su vida intelectual, dedicando un breve estudio al poema épico *La aurora boreal* en 1916[23], e incluyendo una línea de este largo poema en un guión que escribió para ser transmitido por radio, en 1953, publicado con el título *Diálogo sobre el poder y el acceso al poderoso*[24]. La sugerente línea del poema de Däubler incluida por Schmitt en el guión se lee del siguiente modo: "ser un hombre sigue siendo, a pesar de todo, una decisión [*Doch Mensch zu sein, bleibt trotzdem ein Entschluss*]"[25].

Resulta interesante notar que dicho diálogo comienza invocando la máxima de Plauto citada por Hobbes en la epístola dedicatoria a *De Cive*, según la cual *homo homini lupus*: el hombre es el lobo del hombre. En un diálogo crítico con las implicancias de dicha máxima, y con los desafíos que plantea al poder soberano como alegoría del estado de naturaleza, Schmitt la reformula en un pasaje muy sugerente que culmina con la idea de una "decisión de ser humano", ya anticipada. Schmitt escribe lo siguiente:

> Al respecto quisiera decirle también que la bella fórmula "El hombre es un hombre para el hombre" –"homo homini homo"– no es una solución; no es más que el principio de nuestra problemática. Lo digo en tono crítíco, pero con total aprobación, con el sentido de este magnífico verso: "Pues ser un hombre sigue siendo, a pesar de todo, una decisión[26].

---

22 Schmitt, C. (2001), p. 23.

23 Schmitt, C. (2009a).

24 Schmitt, C. (2010).

25 Schmitt, C. (2010), p. 56.

26 Ibídem.

En este sentido, sugerimos que el decisionismo de Schmitt no queda circunscrito a la dimensión jurídica de la soberanía estatal, sino que pone en escena un compromiso metafísico con la estabilidad de la persona humana en tanto tal. Por cuestiones de espacio no podemos agotar aquí la cuestión de cuáles serían las fuentes que animan genealógicamente la soberanía antropocéntrica schmittiana. Sin embargo, y para ser sintéticos, podría afirmarse que tanto la teoría de la representación como el decisionismo soberano de Schmitt llevan las marcas de su encuadre en términos de una teología política apegada a la decisión de Dios de volverse humano en Cristo. Esta decisión teológico-política de convertirse en ser humano mediante la encarnación lleva a Schmitt a una política de estabilización de aquello que en *Catolicismo romano y forma política* denomina la *civitas humana* (la ciudad humana o la ciudad de los seres humanos)[27]. Pero la complicidad entre la autoridad soberana y la persona humana, o la afinidad metafísica entre la soberanía moderna y el humanismo a la que aluden Wendt y Duvall, ha sido relativizada, o dejada simplemente de lado, con el objetivo de hallar el tipo de humanismo más adecuado para poner coto o límite al poder soberano.

Después de la Segunda Guerra Mundial y del compromiso –con los vaivenes y matices conocidos– de Schmitt con el nacionalsocialismo, el personalismo cristiano de Jacques Maritain se perfiló como una alternativa teológico-política más adecuada a la época del nuevo orden mundial de post-guerra. Cercano al nacionalismo de Charles Maurrás en los años 20', defraudado por éste y vinculado en los años 30' al personalismo de Emmanuel Mounier representado por la revista *Espíritu*, Maritain tendrá una influencia difícil de menospreciar en la post-guerra. La gravitación de Maritain puede resumirse en tres ámbitos principales: en su calidad de promotor de la noción de dignidad humana en la Declaración Universal de los Derechos Humanos de 1948; como fundador intelectual de lo que se dio en llamar la democracia cristiana, y como impulsor de los cambios doctrinales en la Iglesia de Roma llevados a término por el concilio Vaticano II.

De este modo, tanto en sus publicaciones sobre el humanismo integral, como en sus textos sobre el estado, Maritain propone una

27 Schmitt, C. (2011), p. 23.

teología política no estatalista basada en la dignidad de la persona[28]. Para Maritain, tanto el nacionalismo como el endiosamiento de la soberanía estatal entran en tensión con dos verdades que le resultan evidentes: que el único soberano es Dios, y que todo ordenamiento político debería subordinar sus objetivos al respeto irrestricto de la dignidad de la persona humana. Maritain entiende que los valores cristianos no son incompatibles con la democracia representativa contemporánea, y mediante su original anudamiento entre cristianismo y democracia logra poner coto a las tendencias filo-autoritarias de un catolicismo político crítico de la democracia liberal, que abarca desde los escritos de Donoso Cortés hasta el propio Schmitt, quien no duda en reivindicar al pensador español.

Sin embargo, más allá de las distancias que separan a Schmitt de Maritain, sugerimos que este último construye la idea de persona humana a partir de una hostilidad manifiesta hacia la animalidad del ser humano. Maritain parece afincar en la animalidad del ser humano la irracionalidad de la violencia que en última instancia condujo al Holocausto. En *Los derechos del hombre y la ley natural* Maritain escribe:

> ...debe tenerse en cuenta el hecho de que esta persona es un animal dotado de razón, y que la parte de animalidad en él es inmensa. El rol de los instintos, de los sentimientos, de lo irracional, es incluso mayor en la vida social y política que en la vida individual. Se sigue de ello, por lo tanto, que es necesario un trabajo de educación constante en el cuerpo político para domar lo irracional mediante la razón y para desarrollar las virtudes morales al interior del cuerpo político...[29]

En otro pasaje del mismo texto afirma:

> ...nos hemos elevado tan poco de la animalidad; la parte de malicia, de barbarismo latente y de perversión es tan grande en nosotros...[30]

Comentaristas con posturas tan disímiles como Roberto Esposito y Will Kymlicka han advertido la hostilidad de Maritain hacia la

---

28 Maritain, J. (1939), pp. 1-17; Maritain, J. (1983).

29 Maritain, J. (2011), p. 100. La traducción es mía.

30 Ibídem., pp. 101-102.

animalidad del ser humano[31]. Espósito advierte que Maritain replicaría el esquema de la soberanía estatal de Schmitt al interior de la propia persona humana. De este modo, la persona humana de Maritain se construiría y regularía a sí misma decidiendo –soberanamente– ser humano mediante la domesticación de los instintos, pulsiones y afectos que el autor francés identifica con la malicia, el barbarismo y el caos social y político. Kymlicka, por su parte, interesado como está en nociones de ciudadanía y soberanía animal no-humana, así como en reformular la comunidad política en términos de una zoopolis, entiende que Maritain es un supremacista humano. Según Kymlicka, Maritain circunscribe el estatus de dignidad a los seres humanos y lo justifica a través de la ley natural, de modo que no permite a los demás animales acceder a dicho estatus ni a los derechos que de él podrían seguirse.

2. DECONSTRUYENDO LA TEOLOGÍA POLÍTICA ANTROPOCÉNTRICA

Esperamos haber podido mostrar que más allá de las obvias diferencias que separan al soberanismo estatal de Schmitt de la democracia cristiana de Maritain, ambas posturas confluyen en una tematización negativa de los animales no humanos y de la animalidad del ser humano. Si se acepta la tesis anterior, tanto la teología política de la soberanía como la teología política democrática coinciden en conceptualizar a lo animal y la animalidad con aquello que debe ser bloqueado y/o excluido de lo político. De algún modo, la encíclica *Laudato Si'* advierte este problema pero, sugerimos, no revisa con la profundidad suficiente el modo en que la antropología cristiana participa de, y da fundamento a, el antropocentrismo "desviado" que suscita la necesidad del cuidado de la casa común.

¿Pero se puede pensar una teología política menos hostil, incluso hospitalaria, frente a aquello que Derrida denomina "el animal que por lo tanto estoy siendo"? Desde nuestra perspectiva, avanzar en una reformulación semejante de la teología política resulta crucial para

---

31 Espósito, R.T. (2012); Kymlicka, W. (2018), pp. 763-792.

responder a los desafíos que nos plantea el Antropoceno. Para ello, en lo que resta del capítulo, intentaré constelar elementos conceptuales de diversas teologías políticas alternativas: la deconstrucción de Jacques Derrida; la idea de lo impersonal en Roberto Esposito; y la teología eco-crítica feminista de Ivone Gebara y Carol Adams, para esbozar la posibilidad de una teología política no antropocéntrica.

En su conferencia, editada en forma de libro, *El Animal que por lo tanto estoy si(gui)endo*, Jacques Derrida aborda una escena primal de lo que, con Wendt y Duvall, he venido denominando soberanía antropocéntrica. Derrida propone una lectura alternativa del Génesis haciendo foco en el orden de la creación y en la escena en la cual Adán da nombre a los animales. Derrida advierte que el ser humano creado a imagen y semejanza de Dios llega en último lugar, viene al final, por así decirlo, una vez que han sido creados los cielos, la tierra, el día y la noche, los peces, las plantas y los animales no-humanos. Derrida toma este orden de la creación no como un *crescendo* que va de lo más bajo a lo más alto, o de lo más simple a lo más complejo, sino como evidencia de que el ser humano es una creación tardía, un ser que llega después, atrasado, al último y por último.

Ahora bien, Derrida sugiere que el último en llegar es, en cambio, dotado del poder de señorear sobre la creación, en lo que para el autor de *La escritura y la diferencia* será el primer acto de cesión de soberanía de Dios hacia el ser humano. Centrándose en la segunda versión de la Creación en Génesis, cuando Dios invita a Adán a nombrar a los animales, Derrida argumenta que Dios convoca a los animales "para 'sujetarlos' ... a las órdenes del hombre, para ponerlos bajo las órdenes de la ´autoridad` del hombre '... Dios destina a los animales a una experiencia del poder del hombre"[32]. Al nombrar a los animales, Adán establece su prerrogativa de "someter, dominar, entrenar o domesticar a los animales nacidos antes que él y afirmar su autoridad sobre ellos"[33]. Derrida moviliza aquí un vocabulario central para la filosofía política: sujeto, autoridad, poder, dominación, entre otros. Para Derrida, la escena en la que Adán nombra a los animales es una escena política, un momento fundacional de la autoridad humana

---

32 Derrida, J. (2008), p. 21.
33 Ibídem., p. 16.

sobre las criaturas no humanas, aunque ésta tenga lugar en "un tiempo en el que aún no había tiempo", es decir, en la atemporalidad de la Creación, antes de la caída[34].

De este modo, la escena en Génesis donde Adán es invitado por Dios a nombrar a los animales es re-escenificada por Derrida en *El animal que por lo tanto estoy si(gui)endo* en un entorno ordinario y doméstico. En el texto de Derrida, la escena bíblica es iterada con un filósofo desnudo que sale de ducharse y se enfrenta a una gata doméstica que lo mira. El filósofo no nombra a la gata, y la mirada del animal provoca una especie de puesta en abismo, donde el filósofo es interrogado, cuestionado y finalmente erosionado por la mirada de un animal doméstico. La desnudez del filósofo frente a la mirada de una gata doméstica, esto es, de un animal que no reconocería la diferencia entre lo desnudo y lo vestido, suscita una reflexión sobre la desnudez, la vestimenta, la técnica y sobre aquello que sería lo propio del ser humano. Como resultado, en esta escena casi obscenamente doméstica, la humanidad se convierte no en un terreno que ratificar, sino en un abismo o, más bien, en una caída de proporciones bíblicas. En contraste con la denominación soberana de Adán, Derrida sugiere que el término "animal" es un término que los seres humanos se han arrogado el derecho de dar; aludiendo a una cierta homogeneidad y violencia asociada al acto de nombrar la pluralidad de la condición no humana simplemente como "animal"[35].

Pero la deconstrucción derridiana de la soberanía antropocéntrica adánica no es la única modulación posible de una teología política alternativa. Como ya anticipáramos, Esposito nos recuerda que Maritain fue una inspiración clave para la Declaración Universal de Derechos Humanos y que su concepto de dignidad personal reposa sobre la dominación de la animalidad del ser humano. Según Esposito, para Maritain "(un) ser humano es una persona precisamente porque (y solo si) mantiene un control total sobre su naturaleza animal", y agrega "(y) la razón por la que los seres humanos tienen una naturaleza animal es para que puedan medir contra ella su condición de

34 Ibídem., p. 22.

35 Ibídem., p. 32.

soberano como persona"[36]. En este contexto, Esposito propone desmantelar lo que denomina el dispositivo de la persona para avanzar hacia una filosofía de lo impersonal, que pueda ser lo suficientemente hospitalaria como para hacer lugar a un conjunto des-jerarquizado de seres humanos y no humanos en su abordaje.

Por su parte, en la literatura de la teología feminista eco-crítica de autoras como Carol Adams e Ivone Gebara, se propone una crítica de las tendencias patriarcales y de supremacismo humano que serían predominantes en la tradición filosófica y teológica en occidente[37]. Para Carol Adams, formada en teología en Yale y Boston College, el consumo masivo de carne animal en nuestra cultura tendría afinidades con el estatus objetivado del cuerpo de la mujer concebido, consumido y exhibido como carne, tanto en avisos publicitarios como en la pornografía. De este modo, el respeto por los derechos de los animales así como la observancia de un modo de vida vegetariano o vegano, sería, al mismo tiempo, una forma de cuestionar la superioridad del hombre –dicho así, en su expresión generizada—sobre la mujer y también sobre los animales no humanos.

Una agenda similar es llevada a cabo por la teóloga eco-crítica brasileña Ivone Gebara, cuyo trabajo se propone cuestionar todo tipo de violencia contra la mujer así como el modo en que la tradición cristiana relegó a un segundo plano el impacto de la acción del ser humano a escala planetaria. En este sentido, femicidio y ecocidio serían dos caras de un mismo proceso, en el cual los vínculos de cuidado y respeto por la mujer y la naturaleza entrarían en tensión con un cristianismo que, de no atravesar una transformación profunda, estaría condenado a seguir reproduciendo clichés patriarcales y especieístas.

3. REFLEXIONES FINALES

En el presente trabajo he intentado esbozar la propuesta de una teología política no antropocéntrica que se nutre del cruce entre los estudios de animalidad y la teología política. Para ello, argumenté

36 Esposito, R. (2012), p 89.

37 Adams, C.(2015). Gebara, I. (2000).

que a pesar de los esfuerzos iniciados por la encíclica *Laudato Si'*, dos figuras centrales de la teología política de inspiración católica del siglo XX, Carl Schmitt y Jacques Maritain, coinciden en teorizar la animalidad como un problema que debe ser solucionado mediante una decisión de ser humano. Basándome en los trabajos de Derrida, Espósito, Adams y Gebara, sugerí que en épocas de cambio climático global, consumo masivo de carne animal como alimento y violencia contra la mujer y la naturaleza, resulta imperativo explorar teologías políticas alternativas a la soberanía antropocéntrica que permitan imaginar, construir y habitar un mundo que no sea simplemente humano, demasiado humano, sino que pueda hacer lugar en su seno a una pluralidad de formas de vida.

BIBLIOGRAFÍA

ADAMS, C. (2015): *The Sexual Politics of Meat. A Feminist-Vegetarian Critical Theory*, London: Bloomsbury.

AGAMBEN, G. (2004): *The Open: Man and Animal*, Palo Alto: Stanford University Press.

ASAD, T. (2003): *Formations of the Secular: Christianity, Islam, Modernity*, Palo Alto: Stanford University Press.

KELLER, C. (2018): *Political Theology of the Earth: Our Planetary Emergency and the Struggle for a New Public*, New York: Columbia University Press.

COLON-RIOS, J. (2015): "Comment: The Rights of Nature and the New Latin American Constitutionalism", *New Zealand Journal of Public and International Law* 13-1, pp. 107–113.

DARYL MEYER, E. (2018): *Inner Animalities: Theology and the End of the Human*, New York: Fordham University Press.

DEANE-DRUMMOND, C. and CLOUGH, D. (2009): *Creaturely Theology: On God, Humans and Other Animals*, London: SCM Press.

DONALDSON, S. (2020): "Animal Agora: Animal Citizens and the Democratic Challenge", *Social Theory and Practice* 46-4, pp. 709-735.

DONALDSON, S. y KYMLICKA W. (2011): *Zoopolis: A Political Theory of Animal Rights*, Oxford: Oxford University Press.

DERRIDA, J. (2008): *The Animal that Therefore I am*, New York: Fordham University Press.

DERRIDA, J. (2010): *Seminario La Bestia y el Soberano: Volumen 1*, Buenos Aires: Manantial.

ESPOSITO, R. (2015): *Persons and Things*, London: Polity.

ESPOSITO, R. (2012): *Third Person: Politics of Life and the Philosophy of the Impersonal*, Cambridge: Polity Press.

S. S. FRANCISCO, CARTA ENCÍCLICA. (2015): *Laudato Si'. Sobre el cuidado de la casa común*, Santiago: Ediciones UC.

GARNER, R. y O'SULLIVAN S. (eds.) (2016): *The Political Turn in Animal Ethics*, London: Palgrave.

GEBARA, I. (2000): *Intuiciones ecofeministas. Ensayo para repensar el conocimiento y la religión*, Trotta: Madrid.

KANTOROWICZ, E. (2016): *The King's Two Bodies: A Study in Medieval Political Theology*, Princeton: Princeton University Press.

KYMLICKA, W. (2018): "Human Rights Without Human Supremacism", *Canadian Journal of Philosophy* 48-6, pp. 763-792.

MARITAIN, J. (1939): "Integral Humanism, and the Crisis of Modern Times", *The Review of Politics* 1-1, pp. 1-17.

MARITAIN, J. (1983): *El hombre y el estado*, Madrid: Encuentro.

MARITAIN, J. (2011): *Christianity and Democracy and The Rights of Man and The Natural Law,* San Francisco: Ignatius Press, p. 100.

MEIJER, E. (2019): *When Animals Speak: Toward an Interspecies Democracy,* New York: New York University Press.

MEIJER, E. (2020): *Animal Languages*, Boston: MIT Press.

MOORE, S. D. (ed.) (2014): *Divinanimality: Animal Theory, Creaturely Theology*, New York: Fordham University Press.

NEWMAN, S. (2019): *Political Theology: A Critical Introduction*, Cambridge: Polity Press.

LINZEY, A. (1987): *Christianity and the Rights of Animals*, New York: Crossroad Publishing.

LINZEY, A. (1999): *Creatures of the Same God: Explorations in Animal Theology*, New York: Lantern Publishing & Media.

LUDUEÑA ROMANDINI, F. (2010): *La comunidad de los espectros I. Antropotecnia*, Buenos Aires: Miño y Dávila.

REGAN, T. (2004): *The Case for Animal Rights*, Berkeley: California University Press.

ROSSELLO, D. (2012): "Hobbes and the Wolf-Man: Melancholy and Animality in Modern Sovereignty", *New Literary History* 43-2, pp. 255-279.

ROSSELLO, D. (2017): "'To be Human, Nonetheless, Remains A Decision' Humanism as Decisionism in Contemporary Critical Political Theory", *Contemporary Political Theory*, 16-4, pp. 439-458.

ROSSELLO, D. (2020): "Pluralizando la teología política: nuevas agendas en torno a un antiguo problema", *Síntesis, Revista de filosofía* 2-2, pp. 1-8.

ROSSELLO, D. (2021a): "¿Hacia el tanatoceno? Dignidad humana, aunque el mundo perezca", *Mutatis Mutandis: Revista Internacional de Filosofía* 16, pp. 95-107.

ROSSELLO, D. (2021b): "La cuestión del animal en el concepto de lo político de Carl Schmitt: entre teología política y zoología política", *Ideas y Valores* 70-176, pp. 137-155.

ROSSELLO, D. (2022): "The Animal Condition in the Human Condition: Rethinking Arendt's Political Action Beyond the Human Species", *Contemporary Political Theory* 21-2, pp. 219-239.

SCHMITT, C. (2001): "Teología Política I", en Aguilar, H. O. (comp.), *Carl Schmitt teólogo de la política*, México: Fondo de Cultura Económica.

SCHMITT, C. (2009a): *Theodor Däublers "Nordlicht" Drei Studien über die Elemente, den Geist und die Aktualität des Werkes*, Berlin: Duncker & Humblot.

SCHMITT, C. (2009b): *Teología Política*. Epílogo de José Luis Villacañas, Madrid: Trotta.

SCHMITT, C. (2010): *Diálogo sobre el poder y el acceso al poderoso*, Buenos Aires: Fondo de Cultura Económica.

SCHMITT, C. (2011): *Catolicismo romano y forma política*, Madrid: Tecnos.

SINGER, P. (2009): *Animal Liberation: The Definitive Classic of the Animal Movement*, New York: Harper Collins.

SPINOZA, B. (2014): *Tratado teológico-político*, Madrid: Alianza.

DE WAAL, F. (1997): *Good Natured: The Origins of Right and Wrong in Humans and Other Animals*, Cambridge MA: Harvard University Press.

WENDT, A. Y DUVALL, R. (2008): "Sovereignty and the UFO", *Political Theory* 36-4, pp. 607-633.